看手記事

港職人生活誌

陽明海運股份有限公司

陽明海運是一間歷史文化悠遠深長的海運公司。我們的前身，建立於一八七三年的輪船招商局，是清末最早設立的大型輪船航運企業，也是近代中國第一家股份制公司。曾經肩負外抗強權、利權收回的使命；一九四九年中央政府撤退來台，主要的人員、物資皆由招商局所運送，甚至重要的故宮國寶，也是由招商局秘密協助運送。

戰後直至一九七二年，國際情勢大變，台灣退出聯合國，台日斷交，由於招商局的國營身分，為保住航線及守護資產，招商局召開董事會，宣布成立陽明海運公司。陽明海運成立後，適逢航運產業貨櫃化的時代浪潮，開始積極訂造新船，擴展航線，在國家政策支持、台灣整體經貿成長、全球貨櫃化運輸的背景下，陽明海運順利轉型，成為全球貨櫃航運產業的要角，並於一九九六年順利達成民營化的目標。

五十年來，伴隨陽明海運的成長茁壯，我們也培養出許多認真、專業又非常值得尊敬的航港職人，像是船隊中的船長、大副、管輪、水手等，都是這個產業中不可或缺的角色。如今在此書的引導下，恰巧搭上陽明公司成立五十週年的大日子，終於有機會讓世人見識這些航港職人的厲害之處。

陽明海運因為歷史久遠，所以經歷過傳統雜貨船、木材船、冷凍船，以及早期多用途船例如春明輪，還有第一代全貨櫃船日明輪等不同階段，因此船上培養的人才更是多元。如同本書內容，和陽明海運相關的資深員工中，不僅有貨櫃船船長，更有看過大風大浪的散裝船船長，以及過往和公司經常接觸的碼頭工人及報務相關行業的工作者等。既使他們分屬在基隆港邊的不同公司及不同區域，但他們依舊是陽明海運，甚至是基隆港發展中，非常重要的夥伴們。

航港貨運的發展極度快速，就如同世界經貿的局勢變化般非常劇烈，陽明海運過往面對的諸多挑戰，讓公司發展出不同的職業需求，而歷史就在此慢慢展開。因此本書雖然以人物訪談為主，但事實上，卻藉由這些人物訪談，為我們記錄下貨運航港產業的改變。回望歷史即是仰望未來的方法，讓我們跟著這些資深航港工作者，航向更精彩的未來！

董事長 鄭貞茂

基隆市政府

我二○一四年剛擔任基隆市長時，這裡是一個失業率、離婚率及自殺率「三高」的城市。身為基隆人的我，看到自己的家鄉因為臺灣產業環境轉變，而逐漸失去自己的風貌，感到非常可惜與扼腕。因此，在任期內，我及我的團隊，非常努力推動產業改革，以及文化事業，希望除了在經濟上的變革外，也能透過文化事務的興盛，讓基隆人找回自己的榮光。因為看見地方的歷史與文化，就是認同家鄉的第一步。

基隆港在日治時期即開始發展，二戰後經歷許多變化，包括港埠設施與碼頭的增建、貨櫃航運的興起，至一九九○年代經歷棧埠民營化，二○○○年後港口的轉型等。這當中有許許多多的產業與人物興替，包括船長、管輪、水手、代理行、報關行、交辦店等。這些少為人知，但養活數十年來，基隆港許多人家的職業，正是此書的重點。

本書精彩之處，正是將我們很少了解的「港都職人」，利用「行船人」、「船舶人」、「運貨人」、「港都生活」這四個章節架構，簡要的為我們揭示基隆港貨櫃產業的工作分類。接著，透過引路人的紀錄，帶我們看見三十位航港職人的生命故事，並透過大量精美的基隆港都圖片，讓我們更貼近基隆職人的生活與記憶，並逐一重新構建大眾對於基隆港的認識。

基隆是一個資深的海港城市，從日治時期開港後，它就不曾停下孕育在地文化的腳步，如今基隆港已改變許多，我們除了有貨櫃船外，更有郵輪的停泊，和遊憩文化活動的發展。我們不必羨慕雪梨或威尼斯，因為基隆就是台灣富有歷史文化、生態環境的美麗港灣。讓我們一起打造海港城市光榮的未來！

市長 林右昌

財團法人陽明海運文化基金會

台灣四面環海，海洋與人民的生活習習相關。除了海鮮與食物外，事實上，我們生活用品所需的一切，經常也都是透過貨櫃航運，從不同國家運輸進台灣，並組成我們便捷且變化快速的日常。

陽明海運作為台灣領頭之一的海運公司，為了使國人對海洋文化有更深的了解與重視，提供多樣化人文知性的生活空間，促進國內外海洋文化活動及觀光休憩機能，致力推動海洋文化願景事業。二〇〇五年成立「財團法人陽明海運文化基金會」，並將落成於一九一五年，位在基隆港旁，前身是日治時期的日本郵船株式會社基隆出張所，戰後為招商局及陽明海運的辦公大樓，經歷見證百年海運產業滄桑的一座歷史建築，整修開放作為「陽明海洋文化藝術館」。

過去幾年，我們以藝術館為基地，持續透過展覽、活動分享海上職人的故事。本書的出版，仍秉持著基金會成立以來的信念，透過三十位精彩職人的生命故事，以及工作經歷，還有他們與基隆在地的關聯，帶我們看見「行船人」、「船舶人」、「運貨人」以及「港都生活」的不同面向，串接起航運與基隆在地歷史的豐富面貌。

這些航港職人們，都是陽明海運及基隆的好夥伴，更是在地文化得以延續及傳承的瑰寶。在此書中，有多位年長的受訪者，同時也是在地口述歷史及港邊文化的推廣者，即使他們頭髮已斑白，但談起基隆文化事務，就算再忙碌，也積極允諾接受訪問。正因為他們的使命感與熱情，才得以讓這本書在世人眼前誕生。

航運產業的版圖廣大，牽涉人物眾多，本書這三十位職人，也僅是作為拋磚引玉之用。希望透過這本書的出版，能讓國人對海洋文化有更深的體會認知，引起更多人對海洋、航運的關注。我們未來也將持續透過各種文化及藝術活動，積極投入及推廣海洋及在地文化教育，和各位一起立足台灣土地、放眼世界，並航向更寬廣的海洋文化未來。

董事長 何秀綺

交通部航港局

交通部航港局成立於二○一二年。原交通部所屬的四個港務局：基隆、台中、高雄與花蓮，參酌海運先進國家「政企分離」體制，改制為「交通部航港局」與「台灣港務股份有限公司」。前者職司航政及港政公權力業務，後者負責港埠經營。

航港局成立的時間雖不長，然而其前身港務局，可溯源至日本時代的港務部，見證伴隨基隆港的成長蛻變。基隆港港區被市中心所環繞，整座城市與港口密不可分。要讓這座港市合一的港都順利運轉，需仰賴眾多職人兢兢業業的堅守崗位。本書探訪了三十位基隆在地的航港職人，依其工作性質分成四個類別：「行船人」、「船舶人」、「運貨人」與「港都生活」。這些職人如齒輪般，各司其職卻又彼此緊密結合，把碼頭複雜而又龐大的作業流程仔細串連起來。

本書記載基隆港工作者的生命故事與職業經歷，我們得以從其中看見港口如何連結城市的發展，也能在閱讀職人的生命中，領略到基隆港從興盛到衰落、轉型等不同階段的轉變樣貌。作為台灣重要且歷史悠久的港口，基隆港有豐富的文化資產可以挖掘，期許未來的基隆港能如遠航的船一樣，將精采的航港故事發揚光大！

海運是台灣的重要經濟命脈，相關歷史亟待有心人保存整理，航港局近年也針對台灣航港歷史文化進行疏理，出版包括繪本、回憶錄、歷史專著等，欣見《看海記事：基隆港職人生活誌》之出版，正可與航港局出版品相對照呼應，對所有關心台灣航港發展的朋友，是值得推薦的一本好書，樂之為序。

局長　葉協隆

臺灣港務股份有限公司 基隆港務分公司

總經理 高傳凱

基隆港的開發歷史甚早，於一八八六年由當時就任台灣巡撫的劉銘傳進行建港規劃，可謂基隆港的建港元年。日治時期基隆港更被定位為台灣與日本本土往來交通的門戶，並於一八九九至一九四四年規劃五期的築港工程，後來雖因太平洋戰爭而未完成第五期工程，但此築港工程奠定了日後基隆港發展的重要基礎。

戰後國民政府來台，並於台灣省政府交通處下設立基隆港務局，首要任務為打撈港內沉船、疏濬河道及復建港區基礎設施。復建工程完畢後，基隆港開始快速發展，包括增建港埠設施、在西岸外港及東岸興建碼頭等。隨著貨櫃航運日益蓬勃，基隆港自一九六九年起興建第一貨櫃中心，持續改建及增建新貨櫃碼頭，以及開闢港區連接至高速公路的東西岸聯絡道，強化海陸運輸網絡，提升效率，於一九八四年創下排名世界第七大貨櫃港的輝煌紀錄。

進入一九九〇年代後，除面臨國內外港口激烈競爭外，囿於基隆港區本身腹地有限，緊鄰市區及山區難以擴建，加上港內碼頭吃水深度逐漸難以滿足貨輪大型化後的需求，基隆港總運量開始衰退。一九九九年後，基隆港開放民營貨櫃碼頭業者投資進駐，提升裝卸效率；二〇〇四起推動自由貿易港區，利用免稅優勢，提升貨物加值及轉口廠商競爭力；二〇一二年交通部順應世界潮流，實施港口「政企分離」，分別成立「交通部航港局」掌管航港公權力業務、「臺灣港務股份有限公司」負責國內主要商港之經營管理，至此，港口經營彈性更趨寬廣。基隆港也積極朝向客貨並重的多元化經營，成功吸引麗星、公主、皇家加勒比、歌詩達郵輪等知名航商進駐，成為亞洲指標性的郵輪樞紐，二〇一七年更獲頒「亞洲最佳郵輪母港」殊榮，也帶動台灣成為亞洲大二大郵輪客源市場。隨後的疫情雖然重創全球產業，但基隆港仍秉持永續經營的理念持續擘劃客、貨碼頭的建設與智慧化，期待以全新的格局切入重拾往日風采。

基隆港這麼多輝煌的歷史，靠的正是幕後無數的「職人」。職人的故事可能平凡無奇，堆疊起來卻是港口乃至於整個城市、國家前進的動力。一九八八年基隆港務局的職工人數曾高達兩千七百多人，隨著時間的遞嬗、技術的革新，人力規模逐漸縮減到今天的六百多人，這些職人並不是消失了，而是散落到更多元的崗位、用更有效率的方式為台灣奮鬥。今年適逢基隆港重要夥伴——陽明海運股份有限公司——成立五十周年，特別要感謝陽明海運長期以來對台灣航運業的貢獻，更感謝陽明這樣重視這些默默為基隆港付出的職人，費心蒐集他們的故事集結成冊。期盼基隆港未來能夠憑藉其歷史基礎及先進建設，成為一個兼具文化深度與競爭優勢的指標港埠，讓世界再次看見基隆！我有幸能搶先拜讀此大作，並興奮地向您推薦這本專門講述航港職人的專書。

基隆市文化局

局長 陳靜萍

基隆作為台灣的國門，自大航海時代開始，航道上的航路便是一條條的文化路徑，串連文化也影響生活。近幾年在基隆推動的重要文化治理政策——大基隆歷史場景再現整合計畫，許多歷史文化交流經過考究及調查，都是奠基於航運的開端。

作為港口城市發展，航運是海港城市至關重要的發展關鍵，過去著墨不多，這次由這本書帶出航港職人的多樣性。從一般民眾不熟悉的驗船師、交辦店，乃至船員制服、汕頭咖哩等，航港專業與日常生活情景交融，緊密呼應基隆的再造歷史現場。

身為海洋國家，就讓我們來聽聽與海交織的那些故事。

財團法人陽明海運文化基金會

執行長 林宜正

財團法人陽明海運文化基金會，以永續推廣海洋文化教育工作為宗旨，2021 年我們重整陽明海洋文化藝術館，打造以海運、港口為主題的展覽。

很高興能看到這本介紹基隆航港職人的專書出版，裡面介紹的引水人、管輪等，可與館內展示相補充；而其他如貨櫃車調度、橋式起重機等，則可以補充館內所未得見者。本書透過三十位職人的雙眼，一窺基隆與航運大小事，期能藉此進一步引起讀者對海運人，乃至海洋文化的興趣。鄭重推薦。

一本專屬於基隆海港城市的職人手記。因為他們，才能造就基隆與其他城市不同的港都風貌，但這些特殊的產業，多半是平常我們難以接觸及理解，透過本書採訪者細心訪談、化繁為簡，配合編輯的圖像指引，讓這些職人的功夫及故事，生動的呈現在我們面前，也如同走過了百年來基隆的城市風華。

高雄科技大學博雅教育中心

副教授 王御風

「職人書寫」向來是我的閱讀熱區，濃縮專業工作者的百般經歷，展開技藝之連續動態，大時代與小故事並行，點睛獨特的行話與驚奇點，通常是圖文搭配，激盪出設計美感。

此書不僅具備以上特點，內行人看目錄便知，還有一超困難點，乃這些港口的職人不易接洽，若非陽明海運文化基金會與好風土團隊走傱（tsáu-tsông，戮力奔走），裡頭的深刻技術與真心話，難以找到碰觸點。

「職人日常」是外人的不尋常，這些不尋常有港口的氣勢包容，在文字與圖像間壯闊航行，讓這場「職人閱讀」熱烈了起來。

《基隆的氣味》

作者 鄭順聰

《我的黑手父親》 ———— 作者 鄭嘉心

台灣四面環海，我們理應對海周邊的生態、職業、休閒活動十分熟悉，但意外的，我們卻對海洋、與圍繞著海洋而誕生的產業如此陌生。

二〇一六年，我們有了魏明毅的《靜寂工人：碼頭的日與夜》，書寫了基隆港岸邊的碼頭工的工作與生活。二〇二一年，我出版《我的黑手父親》寫的是高雄港邊拖車師傅的工作與技能養成，同年更有林楷倫的《偽魚販指南》。而今天，我們終於迎來了描繪海上人們的專書《看海記事：基隆港職人生活誌》，圍繞著海港生活的人們的樣貌日漸清晰。

船長、管輪、水手、引水人，這些名詞隨著文字與影像跳脫抽象模糊的概念、變成鮮活的生命重現在我們眼前。他們的工作與生命織就了台灣航運史、餵養了曾經的經濟奇蹟，翻開《看海記事：基隆港職人生活誌》彷彿可以看見基隆港的過去、現在與未來。

這是本夾著厚重生命與歷史陳香的精彩作品，或許還透著海風的味道，你聞到了嗎？

航港生活引路人

在本書中，我們藉由熱愛基隆地方文化的在地青年及編輯的訪問，帶領讀者認識基隆港灣三十位基隆航港職人的故事，航向地方職人們精彩人生！

在故事開始前，讓我們來看看到底誰帶我們出航吧～

葉奕緯

本書文稿召集人，熟稔基隆生態，負責統籌受訪者，安排採訪與撰寫者，亦為撰述。目前為自營工作者，有軟體工程背景，創立「西打藍」品牌，出版《修煉——全民服務的數位轉型》，擅長人物專訪、主題撰寫。

鄭詩怡

以十一之名走跳地方，長輩孩子絕對不會忘記，暫時不在旅行路上，但老喜歡以旅人自居，藉此保持對人事物的高度好奇心。因為有著設計背景，在參與地方、活動企劃時剛好派的上用場，其實還默默擁有許多無用的技能，雖然不知何時有機會用上，但不影響持續收集的興趣。目前為無用學堂主理人。

林佳慧

基隆人，喜歡創作跟羽球。

施博文

雞籠霧雨成員，參與過雞籠霧雨第三刊及第四刊採訪、編輯及攝影，期待能從庶民人物誌中發現不一樣的基隆歷史與故事。

田美子

訪談新手。在咖啡店工作，喜歡嚐試新鮮有趣的工作。透過這次的書籍訪談更深一層貼近認識我們所在的基隆。

戴秀真

幽默的眼 × 寬廣的心
書寫是必要的途徑
文字可以很輕盈
記錄深刻的情
人人可以是斜星

廖芷瑩

本書編輯兼文字、攝影與聯繫規劃。熱愛地方生活，希望走跳在台灣不同地方，找尋更多好聽的故事。

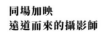

**同場加映
遠道而來的攝影師
林靜怡**

大樹影像負責人，平時住在花蓮，但也會出現在台灣各地的「超跑型」攝影師。此次負責掌鏡職人人物照及基隆風景，在基隆的熱鬧與多變的天氣中，體會港都的精彩。

航港職業小簡介

此書中共有三十種職人，也包含許多航港工作者的工作內容。以下圖表是「行船人」、「船舶人」與「運貨人」的職業圖解。開始閱讀此書前，邀請您一起先來了解航港職業的分別！

艙面部門

船長 P026.P032、大副、二副、三副、水手長
副水手長 P036、水手、船廚 P050

輪機部門

輪機長、大管輪 P040、二管輪、三管輪

引水人　　　　　P058

引領船舶，安全進出港口
外海至指定碼頭船席

燈塔管理員　P084

負責維修保養燈塔

拖船船長　　　　P046

推頂、拖曳大型船隻，協助它們順利進出港口

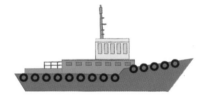

一艘貨櫃船上，作業區域可以分為艙面上與艙面下，而有艙面與輪機兩大部門。

船長是最高的管理者，統轄所有事物，船隻的事務都是他的責任；大副是船長的助手，負責所有行政業務，包括船隻檢查及上下貨品等作業；二副及三副則是船長和大副的助手。此外，艙面上還有水手長與水手們，可以協助船長、大副、二副作業，執行所有維護工作。最後，艙面上除了航海事務外，也有生活相關的工作。載人的船隻還有事務長，早期還有木匠與其他維修工人等職位。

而船隻的艙面下，則是輪機作業，主要負責人為輪機長，又稱老軌，負責所有機械作業管理；大管輪則是檢查及執行主要操作者；二管輪則是輪機長及大管輪的助手。早期艙面下還有銅匠、機匠、泵匠等，但由於近年機械都已電子化居多，因此維修工人逐漸退出航海事業。

大船即將入港時，會有拖船及引水艇引導船隻入港。拖船幫助進港後的大船停靠碼頭，而引水人會爬領港梯上船後，指導船隻入港。在入港前，他們也會遇到港口的燈塔，裡頭有燈塔管理員，協助船隻入港，給予方向指南。

除了船舶上的工作外，港邊也有許多工作人員，馬不停蹄的處理所有來自全球的貨品。因此，在本書中，除了海上的人外，另外還有「船舶人」、「運貨人」，以及支應所有航海工作者的「港都生活職人」，如此龐大的系統，才能維持台灣航港貨運界的進行。

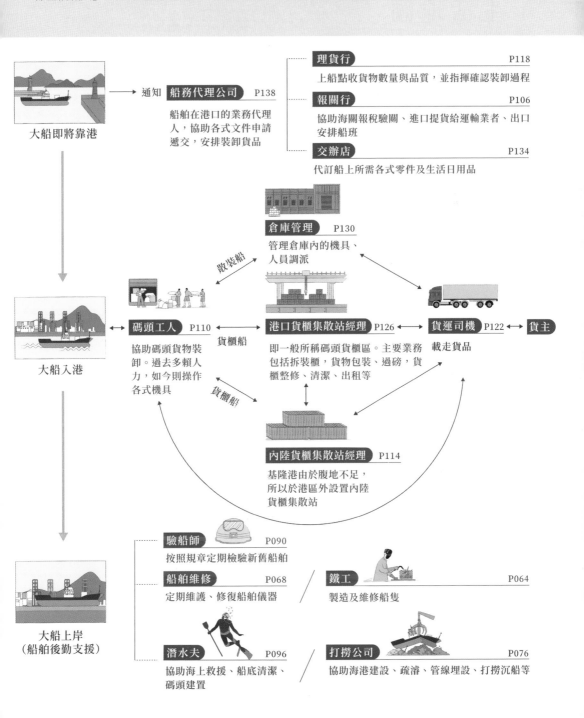

大船即將靠港

通知 **船務代理公司** P138
船舶在港口的業務代理人，協助各式文件申請遞交，安排裝卸貨品

理貨行 P118
上船點收貨物數量與品質，並指揮確認裝卸過程

報關行 P106
協助海關報稅驗關、進口提貨給運輸業者、出口安排船班

交辦店 P134
代訂船上所需各式零件及生活日用品

倉庫管理 P130
管理倉庫內的機具、人員調派

散裝船

碼頭工人 P110
協助碼頭貨物裝卸。過去多賴人力，如今則操作各式機具

貨櫃船

港口貨櫃集散站經理 P126
即一般所稱碼頭貨櫃區。主要業務包括拆裝櫃，貨物包裝、過磅，貨櫃整修、清潔、出租等

貨運司機 P122

貨主
載走貨品

大船入港

貨櫃船

內陸貨櫃集散站經理 P114
基隆港由於腹地不足，所以於港區外設置內陸貨櫃集散站

驗船師 P090
按照規章定期檢驗新舊船舶

船舶維修 P068
定期維護、修復船舶儀器

鐵工 P064
製造及維修船隻

潛水夫 P096
協助海上救援、船底清潔、碼頭建置

打撈公司 P076
協助海港建設、疏濬、管線埋設、打撈沉船等

大船上岸
（船舶後勤支援）

基隆航港
生活地圖

目次

行船人

船舶人

運貨人

港都生活

序章：山風海雨 海港貿易之城

文／編輯部

　　基隆是一座海港暨移民城市，由鹹鹹的海風及各地移民家鄉菜的味道澆灌而成。大海不是阻隔，而是通往世界更寬廣的道路。千百年來，各族群相繼操舟、揚帆、駕船而來，在島嶼上譜寫自己的歷史。幾世代的人從四面八方到來，就此落地生根，並隨著歷史的脈動，共同打造這座城市。

面海而生的島嶼國門

　　早在十六世紀，基隆和平島就以「雞籠」之名，成為當時的國際航海地標。和平島的原住民自稱 Basai，即後來漢人文獻所稱「巴賽族」，屬於「十三行文化」。由於中國與琉球朝貢貿易的展開，位於中國福建與琉球、日本之間，成

為重要貿易轉運站的和平島，被福建商人命名為「雞籠」，浮上歷史的舞台。

隨著西方大航海時代擴張，歐洲列強陸續來到亞洲，並注意到雞籠與台灣島嶼。一六二四年西班牙人在雞籠建立「聖薩爾瓦多城」作為行政中心，一六四二年被荷蘭人占領，其後則是鄭成功的海上武裝貿易集團。當時的雞籠是國際貿易的重要據點，西班牙人、荷蘭人、日本人、福州人與巴賽族在此形成一個跨國市集。

清領時期，「雞籠」開始由原先的和平島，逐漸泛指現今整個基隆。第一次英法聯軍，清廷戰敗，簽訂天津條約，被迫開放打狗、雞籠設港。一八六三年雞籠正式開港，煤炭是當時最主要的貿易商品。隨著人口增加，一八七五年雞籠設置台北分府通判，並以「基地昌隆」改名「基隆」。

摩登基隆港的形成

一八九五年，由於甲午戰敗，清廷將台灣割讓給日本。日本當局將基隆視作南進計劃的航運樞紐及軍事要塞，預計將基隆建設成為台灣與日本本土的聯絡門戶，一八九九年開始進行現代化的築港工程，共分五期，直到一九四四年。期間陸續整建大型造船廠及軍港、漁港，並建設碼頭貨棧及港區鐵路系統，奠定基隆港的發展基礎。

築港之初，由總督府出資補助大阪商船、日本郵船等航商，建立台日交通航線，即為「命令航線」，後來又有航商自行開闢競爭的「自由航線」。航線初始以台日或台灣本島沿岸為主，後來陸續加入對中國的華南、華北航線，以及南洋航線。基隆是當時台灣人通往世界的大門。

當時這座大門的樞紐，亦即大阪商船、日本郵船的辦公大樓，即在基隆火車站旁邊。這兩棟建築皆由總督府民政部土木局森山松之助及井手薰所設計，是台灣歷史上的經典建築。當時旅客往來日本—台灣，搭乘「內台航線」的帝國玄關，即在此處。

此外，台灣輸往英美等國的茶、糖、樟腦等商品，也都以基隆為主要出口港，所以基隆港的對外貿易成長驚人，船舶數量及運輸噸位節節上昇。一九二〇年代時，基隆港貿易總額曾佔全台一半以上。

伴隨築港工程而來的，還有城市的建設。一九〇五年基隆便開始施行「市區改正計畫」，將原先的市街佈局改為棋盤式，同時整治市中心的河川，施作運河及碼頭。現代化的機構還包括台灣第一個現代銀行（大阪中立銀行基隆出張所）、大沙灣海水浴場、基隆劇場、公會堂、暖暖淨水場等，基隆在當時台灣是相當先進摩登的城市。

二戰爆發後，基隆成為轟炸的目標，許多華美的建築，也在此時毀於砲彈之下，街道更是滿目瘡痍。前述大阪商船株式會社基隆支店即毀於空襲戰火，日本郵船株式會社基隆支店則倖免於難，許多珍貴建築物消失的同時，港區內留下更多因戰爭爆發而產生的沉船。

戰後振起的繁華盛世

遷台初期，政府首要任務即在於打撈基隆港內的沉船，以盡速恢復航運。本書受訪者張明全的父親張火焰，即為當時的撈船師傅，負

責在基隆港區清理沉毀的船隻。張明全回憶父親在戰後的基隆港，撈了好久的沉船，好似怎麼都撈不完，港區歷經戰火後一片死寂。

躲過二戰空襲戰火的日本郵船株式會社基隆支店，戰後由招商局所接收，作為辦公大樓使用。當時招商局多數運輸任務為協助官方、軍方撤遷及運輸，例如上海中央印製廠印製的新台幣，以及著名的「故宮國寶」等，致使虧損連連。

一九七一年中華民國退出聯合國，代表權由中華人民共和國取代。面對日益艱難的國際局勢，為保住資產及守住航線，招商局轉投資成立陽明海運，並將絕大多數部門移至陽明海運，原先招商局所接收的日本郵船株式會社基隆支店，也就此轉為陽明海運基隆分公司的辦公大樓。本書訪問的王進興，即曾經歷招商局，以及由招商局轉至陽明海運的的時期。

陽明海運成立於一九七二年，其時正是台灣運輸貨櫃化的開端。一九七〇年代，台灣迎來全球貨櫃化運輸的浪潮，此時長榮、陽明等海運公司崛起，投入全貨櫃輪建造，布建全球貨櫃定期航線；基隆港也積極持續投入貨櫃運輸

與港口建設，配合當時台灣高速經濟成長，基隆港也在一九八四年成為世界第七大貨櫃港。經濟榮景也帶動相對應的周邊產業發展，包括本書所訪問的理貨、報關、代理、運輸⋯⋯共同打造基隆港的黃金盛世。當時基隆曾有台灣最大的舶來品批貨商圈，每天都有大量買家湧入其中尋寶，本書訪問委託行老闆楊榮昌，即見證了這段崢嶸歲月。

進入一九九〇年代後，基隆港囿於本身腹地面積有限、碼頭吃水深度不足，加以國內外港口激烈競爭，總運量開始衰退。此時期最重要的轉變是一九九九年的港埠裝卸作業民營化，碼頭工人及其所打造的獨特海港文化就此逐漸淡去，本書訪問李定旺及其所住之罾仔寮，即為此段歷史見證。二〇〇九年台北港貨櫃碼頭正式啟用，由於其佔地面積較基隆港大，逐漸取代基隆港北部主要吞吐港地位，基隆港也慢慢朝郵輪母港的定位轉型。

近年來，在政府文化再造政策以及年輕世代在地團體的協力下，基隆逐步翻轉，展現海洋、藝術、生活、古蹟、文創與觀光的新風貌。然則，移民、海港、貿易的DNA始終深鑄其中，從日常生活的食衣住行各方面，都能感受到這座城市的獨特性。

我們以《看海記事：基隆港職人生活誌》一書，紀錄下屬於這個時代的見證，也向過往共同打造這座城市的無名英雄致上敬意。⚓

行船人

一艘艘在海上行走的船隻，是基隆港的主角，也是台灣貿易經濟的重要推手。本書首要介紹的「行船人」，即是操控這些船舶的幕後英雄。

在本輯中，劉清海船長為我們介紹貨櫃船每日工作行程；陸早知船長揭露過往散裝船的秘辛；趙玉堂水手則回憶陽明海運船隻的運貨經歷；薛吉峰管輪是船舶機艙部門的維修高手；黃必卿拖船船長則協助基隆港的大小船隻順利入港和啟航；還有洪進松船廚在船上料理人心的故事。

他們是廣渺大海上的小螺絲釘，但卻是造就港都歷史的大人物們！有了他們的付出，台灣才能走到世界的舞台，成為海上國際貿易要角。

坐鎮商船的霸氣領導人 ——

劉清海貨櫃船船長

文章／鄭詩怡
攝影／林靜怡、鄭詩怡、王雨薇
訪談／田美子
紀錄／林佳慧
照片提供／樸實創意

記得第一次與劉清海船長碰面時，他不只事業成功，性格非常也非常爽朗，令人印象深刻，因此我很期待這次採訪能更聽到更多的故事，理解他的生長背景與成就自我的經歷。因為受到 Covid-19 疫情的影響，劉清海表示自己身為航運人員，面對疫情必須更為小心，因此訪談一再延期，由此，我已隱隱感受到船長工作歷練出來的嚴謹態度了。

爸爸的一句話，讓他立志跑船做船長

「小時候爸爸在船上當大廚，會帶各種稀奇的東西回家，所以我特別好奇跑船的工作。我爸說船上有兩個很屬害的人，一個是西裝筆挺、帥氣十足的船長，另一個十根手指頭永遠髒兮兮，薪水比船長差一點的輪機長。」劉清海笑說小時候沒培養什麼興趣，聽爸爸這樣講，覺得他們好像英雄，因此從小立志跑船當船長。他一九九〇年海大畢業後進入陽明，直到二〇一九年申請轉調，才回到陸地工作。

「其實我還可以繼續當船長，但一輩子有三十年貢獻給航海，我覺得夠了，也值了。」劉清海主要跑貨櫃船，因為靠港頻繁，每次進出港動輒數小時，工作更是不分日夜，造成他睡眠不足，精神壓力之大，因此感嘆跑船其實是用時間換金錢。我以為船長只需要發號施令，沒想過他們竟有如此大的責任。

船長是船上最高行政主管，右手是大副，左手是輪機長。大副統籌管理甲板，輪機長負責機艙行政跟維修。早期四十人的編制，隨著機艙無人當值及船舶自動化，縮減到現在十八個人就可以開一艘船，但船在海上跑是二十四小時不停歇，所以船員也得全天輪班。

原來船長也要全天無休待命！

劉清海說：「駕駛台一天六個班，八到十二點三副班、十二到十六點二副班、十六到二十點大副班，晚上也是，四個小時一班，這可能是海盜時代就留下來的輪值習慣……」之前就聽聞需要輪值當班，沒想到船長可以講到海盜的故事。

他看我聽得入迷，繼續補充：「船長四條槓，代表四條金條，搶最多金條的人才可以當船長，大副三條、二副兩條、三副一條。槓上面還有個半圓形，這是甲板才有，代表 order、command，指揮官的意思，機艙的就沒有半圓形……」

01

01. 陽明海運船隻靠岸時是劉清海船長能稍微休息的時刻。圖片為夜晚在港口卸貨的陽明貨櫃船。02. 船長使用海圖和兩腳規，測量航道距離。03. 貨櫃船的駕駛艙內，船長可以看到大船的前方。04. 海圖、兩腳規、平行尺、六分儀都是駕駛台必備工具。

「那船長主要負責什麼些什麼啊？」我忍不住好奇插問。他緩緩的回答，船長沒有所謂當不當班，上了船隨時 stand by。船長房間會有雷達、電子海圖複視器，不用坐鎮駕駛台也能同步監控。

劉清海接著說明一天大概的工作內容。早上七點起床，他固定八點上駕駛台查看當日工作狀況，簽文件、注意電報，並將提醒事項寫給三副。午餐後簽午位報告，讓公司依據報告追蹤船隻。「下午一點半到兩點我習慣午睡，然後是 coffee time。」劉清海的工作節奏非常緊湊。他緊接著補充：「下午三點跟大副交代行政工作，晚上九點再跟當班的三副及 AB 水手（幹練水手）聊聊天，了解今日航行狀況。如果要進特殊港口，還

02

03

04

會寫 night order（夜令簿）提醒當值人員。」劉清海雖然不用當班，但卻非常重視與船員間的溝通。他會仔細問每個人的生活與工作所需，這樣不只能培養船員間的革命情感，更是把他們當自己人看待的方式。

新手上船皮要繃緊了！劉船長來了！

劉清海形容自己是媽媽型船長，從裡到外、從上到下都要掌握。許多船員對劉船長的嚴厲都有耳聞，還沒上船就已是戰備狀態，等上了船才知道，只要用心做事，船長通常照顧有加。

「任何人來我都當作什麼都不會，從頭教起。像大陸 AB 水手上船不會操舵，我就教他把練習騎腳踏車時，從無到有掌握方向感的經驗，應用在操舵上，一次兩次他會了，就可以放手。但我的要求是最高航海標準，操演訓練、報表文件，都要做到一百一十分。要做到只有一個訣竅，就是訓練訓練再訓練，沒有捷徑。」劉清海十分嚴肅，因為他對自己也是如此要求。

公司年度稽核時，劉清海會在稽核前先自行核查船上所有設施及程序，包括連自己不熟悉的下機艙，他都會記下機艙環境乾不乾淨、有沒有漏油，然後再找輪機長了解情況。在這樣充足的準備下，即使遇上全世界最嚴格的美國海岸巡防隊檢查，他都有自信可以輕鬆過關。

追求完美的劉清海其實也很重視休閒，「我常常教育船員，工作之餘要懂得放鬆。」他認為船長要賞罰分明，適時運用激勵手段。所以跑美西線時要船員皮繃緊，但往西返航，週六就會有卡拉 OK 時間，鼓勵船員唱歌放鬆，小酌怡情。如果遇上美國海岸巡防隊檢查零缺點通過，返航回台灣時他還會廣播頒布行政命令，讓當班以外的船員放假三天，再將庫房裡的山珍海味搬出來慶祝。如果我是船員，在海上漂泊許久，碰到這樣的船長，一定很開心！

進出各國港口的眉眉角角，都是他來扛

了解完劉船長雷厲風行的作風，我不禁好奇他有沒有什麼特別的跑船經驗？

這時劉清海說起自己在陽明海運最頻繁的中東線，大概跑過十一條船。中東線有時不回台灣，從新加坡開出後，會經過麻六甲海峽，但這個地區有點麻煩，因為是海盜常常出沒的地點，所以得提醒駕駛台特別注意。然而，讓他印象最深的還是印度海關，劉清海甚至用「全世界最貪心」來形容。

「印度海關上船時除了穿金戴銀，還帶著小嘍囉一起上來。他們要來幹嘛？來搬貨的啊。檢查時從不遮掩，會直接開口要菸酒，一次二三十箱的要，還會指定品牌，像

是青島啤酒。你說給不給？當然要給，因為他是海關，可以扣我的船不讓我開航，這是不成文的規定，到現在還是這樣。」他無奈的表示，船長通常會嘗試斡旋，盡可能降低開銷，但這不是唯一會敲詐的地方。

「最好用的菸是紅色 Marlboro（萬寶路），可以說是蘇伊士運河的通行證。」他說，埃及的領港也是不遑多讓，雖然不是每個領港員都會獅子大開口，但幾條菸還是必要的「禮物」，所以到國外都得想盡辦法補這些菸酒以備用，缺貨時劉清海還會出示電報以茲證明。他的這番分享，實在讓我大開眼界，但我著急的問：「這些費用該不會要從伙食費裡扣吧？」

「陽明公司的作法，是把這些香菸啤酒可樂列為招待，另外報銷。要是動到伙食費，那是會鬧革命的！」聽到劉清海還能如此幽默以對，我頓時鬆了口氣，對船長的氣定神閒感到佩服。

放洋後歸來，放下壓力享受陸地生活

轉到陸上的船務部辦公後，劉清海卸下船長的壓力重擔，他和太太兩人也終於不用海陸分隔。現在每週都會一起去洗溫泉，這是以前下船時的放鬆嗜好，現在則變成生活常態。日常的休閒，他也不用再當隨時待命的拼命三郎，可以午睡片刻後，再開車出門晃晃，四處品嚐美食。

疫情之前，其實船員的家眷可以申請隨船，跟著船隻到各國遊歷，所以劉清海就曾帶著太太從高雄上船，一起到日本東京、橫濱、大阪、名古屋，或是到香港廟街大排檔吃海鮮。但他說，生活終歸是樸實的好，那時候的海上奔波絕對比不上現在回歸陸地的踏實滿足。劉清海很滿意自己現在的退休生活，對於自己過往的決定更是滿意，而當下，他打算保持心情安穩，好好享受生活。⚓

01. 劉船長講解船內的航行機器操作方式。02. 船長的海員手冊，記錄過往的海上經歷。03. 作為一位船長，一生會留下許多訓練證書。

海盜、銅礦沙與重責壓力——
航往世界的散裝船船長陸早知

文章、紀錄／西打藍
攝影／林靜怡、鄭詩怡
訪談／田美子
照片提供／樸實創意

在與海上有關的電影中，船長總是被描述得風光無限，穿戴一身整齊白制服，陽光又健康。平時工作，也好像只需要指揮船員與副手辦事，或和港區相關業務人士打打交道。然而，在現實世界中，船長並非全然光鮮亮麗，反而是在高貴的背後，需一肩扛起掌管整艘船的重責大任。

航行過程，船長不但要照顧船員遠離傷病，注意航行安全，到了國外也要小心地和當地形形色色的人往來，同時要注意防止外來種入侵船隻。船上載送的各式物資，如穀物及礦砂的穩定性等，也都需個別注意。

不少船長因為頻繁遠航國外，容易日夜顛倒工作壓力大、睡眠不足，晚上總是輾轉反側，長年累積許多工作壓力，甚至在退休後留下諸多後遺症，是外界難以想像的辛苦職業。

現年七十二歲、曾任陽明海運光明輪船長的陸船長，幾乎在船上渡過一輩子，這次有幸前往陸船長位於台北的住家，聽他分享多年跑船的故事及經驗。

散裝雜貨船出發！全世界都走過

第一次看見陸船長，很難不對他印象深刻。陸船長穿著一襲合身西裝，說起話來中氣十足，很有架勢。

我最常聽到的商船是貨櫃船，對於散裝船的理解甚少，因此非常好奇散裝船是什麼？以及它又會航行到哪裡？陸船長說，散裝船多數是裝載礦砂、煤炭及大宗貨物；日本公司則是以載送鐵卷、鋼管、樑架等為雜貨。主要目的地是東南亞，有時也會到日本裝載貨物，再轉送沙烏地阿拉伯、法國、英國和荷蘭等地。

「我到過最遠的地方是非洲賴比瑞亞、南非和塞內加爾，還記得那時候去當地村莊採買時，如果要挑豬，攤販吹一聲口哨，豬就回來讓我們挑選。此外，茄子之類的蔬菜也都很大很飽滿。路上有許多小孩子打著赤膊跑來跑去，他們還會在茅草屋點煤油燈。」陸船長藉由跑船遊歷世界各地，訴說著在非洲國家的所見所聞，是遠超出我們能夠想像及體會的畫面。

乍聽之下，散裝船的貨物種類多元，要接觸的人群也更複雜。「貨櫃船的時間緊湊，沿途需不斷航行，睡眠時間往往不夠；散裝船反而不受限制，而是因應物料價格來調整到港時間。不過我在日本公司工作十多年後，一度回到陸地上工作。」在人生精華青春，陸船長突然選擇回到陸上。

全船安危一肩扛！船長的高壓與重責

「那時在三光（Sanko Steamship）做大副的薪水，是一千多塊美金，但是台幣從原本的四十塊增值到二十四塊，即使老闆表明每年增長百分之五的薪水，也不夠抵償匯率差距，所以我才不幹了。」陸船長解釋當時選擇離開的原因。於是他轉往派報社擔任經銷主任，一待就是十幾年，後來因為廣告業漸趨沒落，才又重操舊業，回到熟悉的海上工作。

起初，陸船長先擔任大副，薪水約為十幾萬元，爾後才去考取船長證照：「大副要升船長，至少要有兩年以上海上資歷，才能去海大參加訓練，最後參與考試，以前要考約九個科目。」花費近半年時間，陸船長順利考上一等船長一職。

陸船長說，船長一早約六點起床後，要先查看各單位發來的電報，以確認裝貨事宜；中午時要閱讀當日氣象報告、午報表，了解船速、耗油量、抵港時間，以陳報公司。平常陸船長還需要注意甲板上的工作安全，以及檢查救生艇、艙蓋、機艙、廢油等事項，是否有正確保養與維護。

接近港口的時刻，會有更多雜事要處理：「到港前，要叫大副清理油煙機，冷藏室也要注意過期食品，這些都會被檢查。若到有流感的國家，要把雞蛋封緊、做好垃圾分類，以避免感染。」陸船長認為跑船最頭痛的地方，就是到港時的繁瑣檢查。包含貨物、人員、私人財務、外幣、檢疫等等諸多報關程序，要一一執行。

天災抑或人禍？大海總是危機四伏

陸船長在介紹完工作職責後，緊接著回憶跑船生涯中曾經歷的驚險時刻。海上生活遇到困難，無法直接撥打 119、110，政府也很難及時伸出援手。當接近海盜區時，多半要開雷達迴避並依靠自己與船員同伴，例如，當船隻航行途經紅海、北非、孟加拉灣、索馬利亞一帶，都要預先在船周圍安裝蛇籠，以躲避海盜襲擊，並持續注意海上雷達，當有不知名的小船靠近時，就要迅速轉換航向，避免接觸。

「海盜會把快艇放在小船上，再接近大船放下小艇，朝大船接近劫持船隻，這時我們就要趕緊開走。」他不慌不忙地提起應對方案，並有信心的說：「他們的船大多沒什麼續航力，跑兩到三個小時左右就不行了。不過我們散裝船可以連夜逃跑。」他解釋多年經驗累積下的海盜應對方式。

除了海盜，船長在海上最容易遇見的危險便是不穩的海象，嚴峻時甚至可能會遇見約八米高的大浪，船身會傾斜多達三十度，完全無法好好吃飯睡覺。「船上載裝的散貨也是隱藏的危機，風大容易造成重心不穩，進而翻船。還有銅礦砂也是，要平壓裝好，不然會導致船身偏移，甚至翻覆。」陸船長細

01　02

數著船上要注意的種種細節,讓我深深感受到跑船一行的不易。

多年擔任船長過程裡,他受到時差影響,睡眠時間顛倒早已是常態,加上瑣碎的大小煩心事,無形間添加龐大壓力:「退休好幾年後,還是改不了神經緊繃的狀況,常常因壓力而失眠。」陸船長向我們傾訴多年來肩負船長職責所遺留下來的病灶。

如今海上作業也起了很大變化。曾經依靠船員手寫的船上紀錄,現在幾乎都改為電子化作業;船上常態水手人數也從十個人銳減到只需四至六人;二廚、三廚這些崗位都走入歷史了。

「最早我待的船,每艘少說也有將近四十人,到我退休前只剩下十八人左右。以前船長還有服務生幫忙燙褲子、擦皮鞋,甚至有小廚房煮宵夜,現在哪裡還看得到這些景象呢!」陸船長感嘆道,句句皆能體會他對過往時光的懷念。

最大的驕傲與成就,是讓你平安回家

陸船長退休後,積極規劃自己的人生。他挑了一間擁有好河景的房子、每週上兩次健身房、參與社區活動等,為的就是讓自己活得開心與快活。他常提醒年輕人,不要把身體搞壞了,老年才來抱怨。

就像是他擔任船長的這些年,陸船長最大的驕傲,不是去了多少國家、賺了多少錢,而是在他的船上,幾乎沒有船員受過傷。因為讓每一個人完好無損的平安回家,是他時刻叮嚀自己的重大責任。如同高掛在他家裡最顯眼的那段英文字:「SAFETY ALWAYS, ZERO ACCIDENT.」⚓

01-02. 船長過去環遊世界時,留下的工作照片。
03. 停泊在基隆港的散裝船。

03

隱身在人氣大餅店中海上全能水手 ——
全身技藝的趙玉堂

文章／鄭詩怡
攝影／廖芷瑩、鄭詩怡
訪談／田美子
紀錄／林佳慧
照片提供／樸實創意

最近，桃園市中壢區一家只有在地人才知道的早餐店，因網友推薦而人氣攀升。這家隱身在龍岡菜市場巷子內的中式早餐店，因山東伯伯的手擀大餅還有古早味粉漿蛋餅，大受好評。

這位山東伯伯，正是我們尋覓許久才找到的退休水手趙玉堂。一個一生都在海上度過的船員，退休後為何跑到桃園開早餐店？我充滿好奇地前往。

真不愧是隱藏版的早餐店啊！到中壢時，我在小巷子中兜圈許久，才終於見到趙先生。他的店面雖然小，但站在我面前中老年男子，身型卻意外壯碩且筆挺，非常顯眼。他見到我前來，立刻起身歡迎，熱情的呼喚太太拿出養生茶與水果招待。我心想，今天的訪談應該會很有得聊。

海的男子，大船的忠誠者

趙玉堂的父親是海軍退伍，當時一家定居高雄鳳山，親戚朋友都在跑商船、漁船，因此他從小就對海熟悉。一九六五年因為烏坵海戰爆發，當時高一的趙玉堂燃起愛國之心，決定從軍，便加入海軍士官學校航海專科班，開啟一生與海為伍的緣分。

現年七十三歲的趙玉堂，十七歲開始在海上工作，大約十年前從陽明海運貨櫃船上退休。海軍退伍時，為了支撐家計，他先是加入親戚的漁船公司跑了四年，後來看到商船公司成立船員訓練班，便決定轉職，改跑商船。

「漁船工作很辛苦，在高雄港常常看到商船很羨慕。有機會便想轉換跑道。我在受訓四個月後就由公司分派，前後服務了十幾家公司……在陽明最久，有二十五年囉。我做過很多船，起初是上原木船，然後散裝及雜貨。後來還到了全世界最大的汽車船，以及貨櫃船……」他分享中的船隻，有的我也是第一次聽聞，讓人感到十分好奇，也大開眼界。

大力水手的海港人生

同樣是甲板部門，船長、大副等管理人員屬甲級船員，主要負責駕駛台與行政工作；水手則是乙級船員，協助船舶操作、貨物裝卸等工作。早期船上需要很多水手，基本配置至少五或六個，水手又分 AB（幹練水手，Able Seaman, A.B.）跟 OS（普通水手，Ordinary Seaman, O.S.），還有專門掌舵的三個舵工。人員縮編後目前貨櫃船上只剩下四個 AB，他們負責甲板工作，也要做木匠、掌舵當值，甚至需要支援機艙維修工作，真的是名副其實的「全能水手」。

水手要聽從船長或大副二副的指令，協助許多事務，包括倉櫃的檢查確認等。

不過，我好奇的問，水手具體需要做些什麼呢？趙玉堂說：「很多啊，像是船要靠港時要放領港梯或舷梯協助領港上下船；碼頭靠岸則要到船頭船尾帶纜，以固定船隻；過去碼頭工人裝卸貨櫃後，水手還要負責繫固作業，用鋼索鎖緊貨櫃，航行時才能禁得起海上風浪；靠碼頭遇到維修時，我們也要隨時支援協助；更別提航行中也很多工作要進行，像是刷油漆、敲鐵鏽等。」他說這些工作調派是由水手長負責。

水手長的工作複雜，要統合底下水手的各項事務。趙玉堂解釋道：「水手長與副水手長雖然不用當班，但工作雜事很多。一早六七點大副當值時，水手長會先請示今天的工作，確認是要油漆或是加強繫固等，然後分派工作。

副水手長則要兼木匠，每天檢查測量大艙的汙水槽，看是否需要抽水，另外負責船上傢俱的維修……」因為雜事太多，他們就像是船上業務的重要螺絲釘，每少咬一輪，都可能鑄成重大錯誤，但瑣事又不斷重複。

在風雨船上，全都要為了生存來著想

趙玉堂工作的日子中，見過不少危險時刻。像是船員沒注意摔到十多層樓高的大艙裡，或是被粗重的纜繩打到骨頭斷掉，所以他總警惕自己要把危機意識擺心頭。我突然想到海盜的新聞，問他是否遇過？「有喔，有一次從美國運大米，在奈及利亞外海拋錨，我們被幾百艘海盜快艇圍攻。之後沒辦法，讓他們上船，他們一上來，便把艙蓋打

開，開始搬大米。我們趕緊跟港務局聯絡，警察趕來，兩邊開槍對戰，船上警衛也用箭射他們，好恐怖。」趙玉堂說起這段往事仍歷歷在目。

趙玉堂提到，海盜猖獗行搶事件不時發生，但船隻頻繁來往總是避免不了如此激烈的危險。因此，當船隻進到危險海域，許多船商會請法國傭兵上船當保安，有的船還有國際聯合艦隊護航。加勒比海、古巴、海地、麻六甲、亞丁灣，還有以前的越南、菲律賓沿海都非常危險。

本以為有保全在就可以解決危機，然而，他又說：「即使有保安在，我們一樣要到船尾拿槍準備射擊，以防傭兵被射倒。每個人都有安全帽、警棍、對講機，警鈴一拉就要各就各位。我們也會在船周邊圍帶刺的鐵絲網，還要準備油漆桶、把每個水密門都鎖起來。」可能是長期生活在陸地上的關係，聽到這些故事後，我嚇得目瞪口呆，心裡驚嘆，原來船員還要懂射擊技巧……變得跟湯姆克魯斯一樣。

走吧！我們回家。打開人生職涯第二春

工作雖然辛苦，但海上生活也時有歡樂。遇到風趣的船長，周末休假時會買些零食大家一起吃吃喝喝、唱卡拉 OK。講到這點，在一旁的趙太太，拿出一些以前先生寄回家中的照片，當中就有不少聚會時拍的畫面。

喜歡下廚的趙玉堂，常主動做麵食與大家分享。遇上厲害的大廚，他也會找空檔去幫忙，與他們交流切磋手藝，並偷學些發麵、包餡的技巧。那時趙玉堂已經在為退休做準備，想培養一技之長，下船後好做點小生意，太太也邊尋覓能做生意的房子。他們估算自那幾年應該看了兩百多間房，最後才決定落腳在龍岡。

趙玉堂十分感念太太多年來顧家又包容，讓他無後顧之憂地在外跑船。早期一般人對船員的印象多半是吃喝嫖賭，讓他備感無奈。他身為家中長子，年輕時就為了家庭開始跑船，雖然有機會遊歷各國，但因為心繫家人，所以總是省吃儉用，想多留點花用給家裡。

年資一到，趙玉堂便選擇退休，回到陸地與太太共同經營早餐店。他幾年前參加中壢的老人會，接觸到槌球，和太太開始參與這項運動。然而，才短短四年半的資歷，他最近已經接連拿到幾個冠軍。趙玉堂笑說，沒想到這個年紀還可以跟人比劃，且越發投入，「下午還打算再去練習！」。他永遠是那樣活到老，學到老，輸人不輸陣。

看著他爽朗的身影，我們相約著下次一定再專程赴約，來吃他做的手擀大餅！⚓

薛吉峰大管輪的職場漂流記

文章、訪談、紀錄／林佳慧
攝影／林靜怡、鄭詩怡
照片提供／薛吉峰、樸實創意

船上的輪機部，有位幕後英雄，他是兼具輪機專業與航海經驗，細心又善觀察的行家、是機艙的管家婆，這個關鍵人物就是「大管輪」，平時大家也稱他叫「大管」。而我面前的薛吉峰先生，正是陽明海運的資深大管，今天就由他帶領我們一窺這個神秘職業的面貌。

經歷百百種，快到四十才上船的大管輪

這場訪談的重點，是他的海上經驗，一開始我想閒聊暖個場，請他介紹出海前的經歷。他侃侃而談，二十分鐘過去，我們卻還在聊他陸地上的第 N 份工作。

一九七七年出生的薛吉峰，海上經歷五年，在上船之前，他做過很多工作，習得一身好技術。

在校時他學會了電工的專業，初入職場則習得機械修理的技術，後來他成為獨當一面的汽車維修技師，同時擁有電梯維修證照，還做過焚化爐測試人員，更少不了行銷、總務、客服、行政管理等內勤工作經驗。為了更好的待遇、更自在的職場關係，他一次次的換工作，不怕新挑戰、也不擔心重新

適應新環境。「快了快了，就是在觀光業的時候，我認識了幾位船長和輪機長，他們覺得我的專業很適合在船上的輪機部工作。」他看我心急想聽到船上故事的樣子，趕緊切入重點。

過往與船員的相處過程，讓他逐漸明白海上的生活樣貌，因此想開始跑船、開拓視野，也嚮往船員的待遇，於是在三十三歲時重新進入學校，半工半讀，準備考取海員資格。二〇一四年通過河海特考，同年被陽明錄取。

「所以我們終於要出海了嗎！」我興奮的問。

「對啊，半年實習後，換取適任證書，就成為三管輪了」他說。

機艙的職務晉升，須循序漸進，三管升二管，通過輪機長與公司審核即可，二管想升大管，海上資歷要滿十八個月，再參加「航港局船員岸上晉升訓練及適任性評估」考試，考過才能拿到大管輪合格證。當上大管之後，對上要向輪機長匯報機艙事務，對下則要管理其他機艙成員。

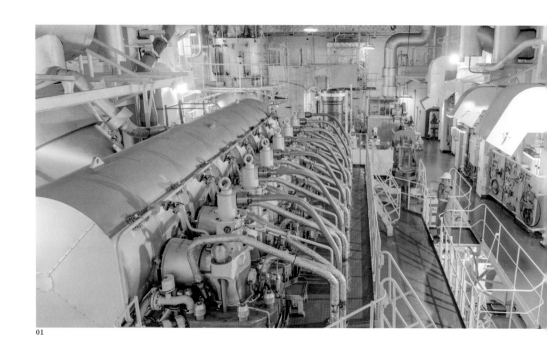

01

機艙派工超多眉角

管理機艙員最主要的工作，就是派工，大管要了解機艙設備狀況、掌握船員能力，才能有效率的分配工作。每天下午收工前，二、三管需向大管匯報工作進度，大管會考量人力及維修進度，編寫派工表格給輪機長審核。隔日早上，大管依審過的派工表分配工作。

薛大管直接模擬起派工狀況：「三軌【註一】你今天是不是要換發電機的油頭，自己一個人有沒有辦法做得完？ 需要人手你就跟我講；四軌你今天做淨油機拆裝，你要拆上半部還是下半部，我派人支援你。」他神氣又流暢地講完，然後又有點靦腆的說：「大概就像這樣。」

薛吉峰的另一個工作重點，是提醒船員務必注意工作安全。他說：「例如，檢修馬達，船上的電壓最高有到六千六百伏特，我要求一定要關馬達電源，還要找鎖把電源開關鎖起來，避免不小心送電導致有人被電擊。我自己的工作做到一個段落，也會去看看他們有沒有遇到問題、有沒有注意工安。」安全是第一要務，他總是對船員們耳提面命各種工作要點。

除了日常檢修外，因應船隻航行路線的不同，派工內容也要隨之調整。「像在美國靠岸時，當地環保法規要求換溫度低的低硫燃油。船上原本使用的重油系統，燃油會燒到一百多度，低硫燃油流過高溫機器，可能使機器受損，因此要花時間讓機器慢慢降溫。

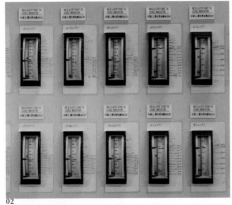

01. 貨櫃船內的輪機部有許多複雜的機械構造。 02. 管輪的業務包括確認機艙中的各種油壓是否正常。 03. 薛吉峰管輪的船隻航行到寒冷的地方時,他恰巧把雪景拍下。

如果半夜靠岸,當天上午我就只安排做環境清潔,下午讓大家回房休息,半夜才能維持清醒狀態進行換油作業。」魔鬼藏在細節裡,細心是優秀大管的必備特質。

冒險就留給電影吧

「除了日常檢修,機艙有遇到什麼特殊狀況嗎?」我期待電影情節般精采的航海故事。然而,大管輪只說:「航行中主機故障,整整四十幾個小時都沒睡覺,只是為了把主機修好,讓船繼續開,這個應該是我遇過最硬的吧。」薛吉峰呵呵地笑。他補充:「船在進港跟出港的時候最危險複雜、突發狀況最多,最怕發生的情況是船舶失去動力去撞到碼頭或其他船。」船員不求冒險刺激,但求一切平安。因此船員們進出港時,需要繃緊神經,就怕出了任何差錯,都可能是無法負擔的結果。

所以進港時,大管會提前通知所有機艙員到機艙「備俥」,此時要做的只有監控,遇到突發狀況才能立刻處理。靠好碼頭後,大管會安排檢修航行中不易維修的設備。等待船隻完成裝卸貨,甲板會給機艙 「one hour notice」,也就是再一小時就要開航的提醒。此時輪機員會到機艙集合,開始備俥,唯有工況正常的設備,貨櫃船才能維持高效率的遠洋航行。

薛吉峰說,這一小時內他們有極多事情完成:「主機要暖缸、試轉俥,因為它的衝

01

02

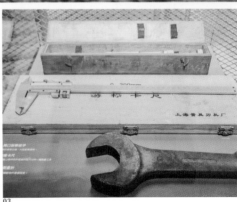

03

程很長，要旋轉三百六十度才可以在油底殼浸潤到所有的油，還要啟動發電機，接著巡視機艙。啟動前船長會試俥，試一下前進後退」我以為工作差不多告個段落，但他緊接著補充：「船長下令離港、拖船準備完畢、解纜繩、開始動俥。等領港下船、船過防波堤，船長認為前方沒有狀況，就會通知 run full，走全速。輪機員記錄 run full 時刻、主機燃油表、電機燃油表、汽缸燃油表等數據。最後我會巡視整個機艙，向輪機長回報機艙狀況正常後，輪機長會將機艙無人當值警報切到當值輪機員房間，大家就可以休息。」聽薛大管流暢說出一連串起航過程，我則跟著他的話語，一面想像所有機艙員，有條不紊完成這些工作的畫面。真是蠻有電影感的！

結束漂泊，找到人生方向

　　船上工作五年後，薛大管在二〇二一年轉到岸勤，想暫時休息，但中途遇到 Covid-19 疫情影響，至今仍沒回到船上。回憶船上工作，他說「不管船上多辛苦，只要同事OK、工作氣氛好，那我累一點也沒關係。但有時會遇到遺憾的事情，我最遺憾就是外婆往生時，無法回台送她老人家一程。」他想珍惜現在能陪家人的時間，所以未來也許會再上船，但也可能就這樣待在岸勤。不過，可以確定的是，陽明的工作環境非常優質，讓他覺得可以工作到退休都沒問題！⚓

【註一】輪機長的別稱是老軌、大管輪則是二軌、二管輪是三軌、三管輪是四軌。

01. 輪機部的工具區。02, 03. 示功計、燃油黏度計、油標卡尺等都是眾多機艙內的輔助工具之一。04. 輪機日誌是船上重要的工作紀錄。

04

人生風雨再多也都要跟機會搏鬥——
黃必卿船長的拖船甘苦談

文章、訪談、紀錄／林佳慧
攝影／林靜怡、鄭詩怡

小拖船，大馬力，大船進出港的得力助手

大船進出港，是個看似簡單，但其實極為困難的過程。若稍有不慎，就可能觸礁，或是撞到碼頭及其他船隻，釀成大禍。為了避免這樣的情況，港區除了有熟悉碼頭狀況的引水人上船帶路外，還有一艘牽著大船前進的小船，會幫助世界上所有的船隻，安全停泊。駕駛這艘小船的人，就是我們今天的主角，拖船船長。

「拖船看起來很小，其實馬力很大。一條一萬噸的商船，馬力也許只有七千匹，甚至五千匹，但這麼小的拖船就有四千匹的馬力。」這位帶著自信的口吻，指著窗外田寮河出海口，聊起拖船的大小事，知無不言、言無不盡的人，是擁有二十八年拖船經歷的拖船船長，黃必卿。

為了生活，只好上船來打拚

黃必卿六歲時失去了父親，母親平日幫人洗衣，週末幫公司行號洗地，二姐則是到港務局當工友，以維持家中經濟，當時日子過得很苦，所以他從小立志分擔家計。「如果是富有的家庭，怎麼捨得孩子跑船？都是比較窮的家庭才送孩子去讀海事學校。」他說跑船是窮苦人家翻身的機會，所以在民國六十二年，十八歲的他從基隆海事畢業後，立刻上船實習，一直到大副，累積了不少財富。民國七十年，經濟起飛，景氣漸好，看著身邊許多朋友都在創業，他也決定下船做生意，賣衣服、開廣告公司。

「那後來怎麼又上船了呢？」我問。

「因為股票賠錢啦。」他說，民國七十年代股市正熱，黃必卿也跟著進場，民國七十九年股市從一萬多點跌到兩千點左右，讓他賠了不少，當時已成家的他，決定把廣告公司賣掉彌補投資虧損，然後踏實工作賺錢。

民國七十九年時，他參加港務局招考，當年沒有開高級船員的缺，只招一般水手跟機匠，十個空缺竟有一百八十個人競爭。「我運氣好，就讓我考到了，民國八十年上拖船，從一般水手做起」黃必卿靦腆地笑著說。還好他有考上呦，因為自他考上那年開始，港務局人事凍結了二十年，都沒有空缺，他拿著大副執照，等到民國一〇一年，才終於升上拖船船長。

大船入港，拖船出任務囉！

「船長是負責指揮拖船拉著大船走嗎？拖船何時要出動協助大船？如何協助？船長如何與大船接洽？」面對我的許多疑問，黃船長不疾不徐從頭說起：「不是直接拉船啦，是協助它調頭、換方向，大船在水面上有慣性，所以一開始拉不太動，但越拉會越輕鬆。」

拖船上兩套通訊，一套對調度室【註一】，一套對領港。若有船要進出港，調度室就會通知船長，任務就開始了。一般會出動兩條拖船，船頭船尾各一條，遇到大風浪，或是無動力的大船，才會出動三到四條拖船。

調度室會告知要出動多少匹馬力的拖船。一萬噸以下的船會出動一千六百匹馬力的拖船；一萬五千噸以下，出動兩千八百匹馬力；一萬五千噸以上，出動四千匹馬力；兩萬五千噸以上的船則出動到五千匹馬力的拖船，拖船的費用隨著馬力增加而提高。

最常拖的大船是貨櫃船，但如果遇到郵輪，就要先在拖船船首鋪上帆布，避免碰撞時把郵輪船身的油漆弄髒。

準備作業完成，黃船長會將拖船開往防坡堤外空曠的錨地【註二】等待，然後將通訊切換到領港對講機，聽從領港指揮。領港上了大船，會告知拖船要移動到哪個方位，拖船遵照指示就定位後，大船將小繩子丟下來，拖船上的水手會把小繩子綁在「大力馬」上。大力馬是指拖船上的纜繩前緣較細的部分，通常有二十至三十米，大船再將大力馬拉上去套在大船的纜樁。

水手利用較細的大力馬（丹尼瑪繩）將粗纜繩拉至拖船，再將纜繩綁在拖船上的纜樁。

船長說：「用拖船纜繩是要收費的，一次至少五千元，看船的重量決定，如果是國內線通常會用自己的纜繩，但像客輪或大型貨櫃船就會要求一定要用拖船纜繩，比較安全」「那有遇過什麼危險的狀況嗎？」我問。「最危險就是拉大船掉頭時，纜繩吃緊，有可能會斷掉，所以拖船前方甲板要清空，斷掉可能會掃到人。很久以前有遇過，船舶離岸的時候，水手還站在船頭，繫岸的纜繩吃緊而斷掉，水手被斷纜掃到當場死掉。」黃船長說得我頭皮發麻。

另一個也很危險的情況是颱風天值班，強風可能使船繫碼頭的纜繩斷掉，拖船就要在狂風暴雨中出動，協助漂走的船靠岸，重新繫上纜繩。「再辛苦再危險，輪到你值班，你就是要去做」黃船長表情認真的說。

拖船在大船旁邊，幫助大船進港或出港。

不管大環境怎麼變，保持樂觀就是了

「基隆港的拖船是二十四小時待命。早期有七、八條拖船，每條船由三班制輪班，另外還有助勤班，但後來拖船船員就比較少了」黃船長說，早期拖船業務由基隆港務局船舶管理所負責，它管拖船、繫纜隊、挖泥船等基隆港周邊工作，後來業務慢慢外包出去，只留下部分拖船業務，輪班改為四班，而船舶管理所的人員也從五百人，縮編到一百人左右。

民國一〇一年，基隆港、台中港、高雄港及花蓮港四港港務局合併為台灣港務公司，並成立台灣港勤公司，負責拖船業務，拖船人員配置變得更精簡。「我剛上船時一個班有六個人，船長、輪機長、三個水手、一個機匠，現在是五人，水手少一個。」船員減少、拖船剩四條，曾經一年一次的校閱，是拖船上的大事，長官會上船檢查保養工作，後來也不講究了，要維修就送修造廠。

基隆港貨運功能逐漸沒落，進出港的船隻減少，黃船長對這個情況沒有太悲觀：「原先貨櫃港的功能被台北港取代了，但照交通專家的規劃，基隆是要成為郵輪港嘛，現在受疫情影響，是非常時期，要再觀察。」

兩年前退休後，黃必卿過著自在豐富的退休生活，時常從事登山、健行、騎腳踏車等戶外活動，也自學口琴、二胡、洞簫等樂器，並拍照在社群平台上與親友分享，他一邊分享手機中的照片給我看，一邊說「現在回頭看，當初決定是正確的，每月領退休俸，做生意哪裡有！」黃船長笑眼彎成兩道弧線，當初那個剛成年就為了家人上船工作的小男生，已經下船繼續過他的精彩人生。⚓

【註一】調度室：船隻完成運輸任務時，需要人力調度或協調事務的房間。

【註二】錨地：港口外供船舶安全下錨、避風，並進行海關邊防檢查、檢疫、裝卸貨物等作業的水域。又稱錨泊地、泊地。

餵飽各方海上好手的靈魂人物 ——
船廚洪進松

文章、訪談、紀錄／戴秀真
攝影／鄭詩怡、廖芷瑩

船舶的安全，靠的是船員細心的修繕、維護和檢驗等各項作業，而船員的營養健康，就得交付給船廚了！如果有看過漫畫《航海王》，你一定會對船廚香吉士非常有印象，他最重要的工作，就是打理全船的三餐，讓船員們在饑餓時，有熱呼呼的飯菜能補充能量。

我們在尋訪航港職人的過程中，本以為船廚每艘船都有，應該會較容易找到，沒想到香吉士這類人，竟是神秘難尋。某天我走在八斗子港邊，忽然想起在海洋大學任教的學姐，便透過她的介紹，找到了海大的研究船船務中心。等待幾天後，我們終於尋獲下船的香吉士，讓我們感到興奮不已，夥伴們都想來跟他請教事情。

一張證照，改變人的一生

經由船監蔡小姐的協助，我們申請到了基隆港區的臨時通行證，因此能順利登上海大研究船「新海研 2 號」，與船廚直接訪談。我們進入船艙後，才轉個彎，就發現船廚早已在用餐區等候我們。訪談準備開始時，船廚突然很害羞的說：「我以為給船監回答就好啊！我不會說話啦！」船監在旁趕緊補充：「沒關係，你就像說

故事就好。」於是船廚才緩緩地講起他的過往。

船廚洪進松是土生土長的基隆人，蘇澳水產學校輪機系畢業後，當完兵直接跑船。民國七十二年左右，他開始在航運公司擔任領班，一直服務到公司結束經營才離開。「當時想說上岸後可以擺個小攤子做點小生意，所以去考丙級廚師，沒想到考的人也很少，很幸運就考過了。」船廚說，那個時候海上工作人員短缺，看到海洋大學的研究船「海研二號」正在應徵船廚，剛好條件之一便是要有丙級執照，他因此就上了研究船。

海上廚師的忙碌一天開始囉！

這份工作的模式很固定，每天早上四點多起床，五點開始備料，七點半提供早餐，緊接著餐後清潔，然後繼續準備午餐及晚餐。

比起陸地餐廳工作，海上廚師工時很長，廚師的工作本來就勞累，更何況是在搖晃的船上，要完成切菜、烹煮與端湯的廚房工作，我光是想像，就知道這是一份很辛苦的差事。然而廚師卻說，「做了好多年，也不覺

得難了。習慣了啦。」他輕描淡寫的敘述著在船上料理的歲月，悠悠的總結他的日常。

交辦店的好朋友，基隆在地市場的老行家

採購食材的流程會依應不同規模的船而有不同，一般來說，遠洋船因食材需求量大，多數做法是靠港一週前，會先傳送需要的食材清單給各交辦店，等交辦店的報價回來後，選擇合理又品質好的商品再下訂單。當船一停泊碼頭，交辦店會直接將食材載來船邊。經驗老道的船監接續補充，「我們台灣的交辦店服務很好，有些要出遠洋的大船，交辦店送來之後還會協助上船，直接入凍庫。」

學校研究船的船隻較小，一次航行大約五至七天，但大部分不會出航太遠，因此船廚只需要在開船的前一天，寫好購買單，菜販就會在離港前送到。「剛好我是基隆人啊，我跟朋友借一台摩托車騎出去逛逛，因為菜販給予的清單不一定都合適。我最習慣到成功市場，然後海鮮我就會去崁仔頂採買。」船廚提到買菜時特別興奮，他話語連綿，開心的分享說：「我跟其他人可能不太一樣，連休假都喜歡逛菜市場。」基隆豐富的市場，滿足了廚師的樂趣，也回饋在工作中，讓船上職涯一切順利。

船員們的海上三餐，樣樣都是他的用心！

從準備訪談到快結束時，廚師都還沒提到菜色內容。我忍不住插嘴問了：「那菜的內容呢？」船廚說，中餐跟晚餐固定四菜一湯，早餐則會有稀飯和麵包，有時候會煎蘿蔔糕。「料理內容也是跟著時令走，買菜也會比較便宜。」如果船上有特殊需求時，像是吃素的或不能吃牛豬肉的情況，廚師也都會盡量安排，讓船上的每個人都能滿足的繼續工作。

船上不如陸地方便，一日三餐得仰賴船廚才行。事實上，船廚有顆纖細的心，每次都會先準備好應景的食物，讓大家在海上也能體會過年過節的氣氛，「像是前幾天端午節，我就提供給大家肉粽、雞塊、蝦啊，研究船上的學生，其實也還只是小孩，節日應景吃好一點，讓大家都開心也好。」洪船廚的用心，讓大家都能過好船上的日子。

船下後的美食人生

船上生活是輪班制，即使船沒有出航，也要有人員駐守船上。有些船員休息時候，會來與大廚學習廚藝；或是大家如果釣到魚，就送來給船員們加菜。

船廚回憶，工作面試時，公司有一項特別要求，就是不菸不酒。因為船上其他同事是教職員、老師及學生，和一般商船或漁船不同，因此到現在他依舊保持這個習慣。「當我休假離開船時，喜歡找以前老朋友，到港口附近的店家一起聚餐喝點小酒，像是小峨

01. 洪進松廚師平時很低調,特別為了我們的採訪講解船上廚師的故事。 02. 研究船上經常會用簡易的加熱工具處理簡單餐點。03. 交誼廳內擺放著船員平時使用的碗筷與調味料等。

嵋、蓁好料、湖南小館、天香、阿本、58 號
海鮮，這些都是從年輕就一直吃到現在的老
店了。」船上的廚師，除了會挑菜，也是非
常挑嘴的，問起基隆在地美食，他絕對也是
有列不完的清單。

船上的隱藏大家長，船廚暖心又暖胃

　　船廚說：「有一次，遇到的風浪太大，船
身擺盪猛烈。吃飯時間我們才剛上菜，結果浪
一來，整盤就下去了……還是要馬上整理乾淨
然後趕快重做。」二十年的船廚經驗，讓船
廚能依照當天的作業需求，或是氣候改變時，
隨機應變。陸上的廚師要依據客人的價格定料
理，海上的廚師則是看天氣大展身手。

　　最後，我們詢問船廚怎麼還不退休呢？
船廚說：「超過四十年的人生都在船上，回
陸上生活不習慣了。」小孩、孫子都大了，
經濟壓力減緩，他說自己現在反而待在家裡
會感到無聊。「前幾天我那個大學生的孫子
啊！還特地來港邊找我啊，因為換我值班
嘛，不能離開。」家人也會跟著他的工作而
變動行程，讓他感到窩心。

　　我強烈感受到船廚在船上料理時的心情，
是一份長輩對晚輩的關愛，很像船員的保母
或父母，照顧著每個人。在「新海研 2 號」，
洪進松船廚是那一位，不僅會關心你的工作
進度，還隨時照顧你身心的長輩，用食物暖
心又暖胃。⚓

01

01. 船廚可以使用的煮菜空間有限，但是顯得別緻
與精巧。 02. 新海研 2 號是海洋大學的研究船，也
是洪進松工作的地方。

船舶人

海上船舶的運行，除了仰賴船長、輪機長、水手等「行船人」的駕駛與管理外，周邊還有一群協助維護船隻運轉的「船舶人」們，默默作為船舶的重要靠山。

例如引水人吳雲斌引導過數百條大小船舶出入基隆港；鐵工鄭朝玄則是製造船舶的老手；舊船的安全維護交給張清嵐公司的修船人員絕對妥當；港內外海底的安危就交給張明全一家所經營的打撈公司；岸邊光明的守護則是燈塔守曾智忠主任的責任；確保新舊船隻符合品質標準是王漢熙驗船師的工作；最後還有海底工程與船隻救援的專家李冠賢，他奔波在台灣大小港邊，在第一線協助船東、政府，並記錄環境生態的變遷。

在這些岸邊工作職人的協助下，船隻才能順利啟航，推動海內外交流，帶領我們迎向更廣闊的世界。

讓大船安全入港，
邁向偉大航道的引水人
吳雲斌

文章、訪談／施博文
攝影／林靜怡、鄭詩怡、王雨薇
紀錄／林佳慧

港口重量級資歷的引水人

如果不是因為要採訪引水人，一般人其實很難進入基隆港區，但是基隆港明明就在眼前，卻很難親近。該說我是那個幸運的人嗎？

進入引水人辦事處的大樓，眼前看起來空蕩蕩一片，我此時才驚訝的發現，原來基隆碼頭已經蕭條到這番景象，似乎整棟大樓只有引水人的辦公室是有人氣的！吳雲斌主任剛剛下線，正在辦公室等待我們的到來，他對現在這般港口景象，似乎也有點不太滿意，但還是很開心的跟我們分享他的過往。

他首先提到，幾乎要是港口重量級人物，才能擔任引水人。因為要考引水人前，你一定要在三千噸以上商船擔任船長滿三年，還須在五十歲以下，才能拿到考試資格。

吳雲斌在一九九〇年進入陽明海運工作，一路順遂做到船長。他清楚引水人工作不用長期出海，可以每天上下班陪家人，待遇也不差，幾乎是每位船長嚮往的工作，因此吳雲斌在四十八歲那年，決定放手一搏參加考試，試試五十歲前的人生機會。他的運氣還不錯，在二〇一三年考上引水人。

　　吳雲斌在陽明海運服務二十二年，可是公司的年資只有算在海上服務的時間，因此實際上他的年資只有十八年又七個月，不符合公司要求在海上服務滿二十年的退休規定。他說，如果繼續待下去，以船長的年資退休，應該還有五百多萬可以領，可見當時吳雲斌考引水人，是要多大的勇氣，才能放棄這麼大一筆可觀收入。

關關難過關關過，引水人的考驗之旅

　　要擔任引水人，必須先經過層層關卡。第一關，吳雲斌說，引水人有地域限制，在基隆港的引水人，不能到其他港口擔任領港，因此缺額一定就是當地港口的引水人退休或離職才會開缺。當這個情形發生時，引水人辦事處會先邀請報名者來參訪工作環境、港區生態，在互動中看看應考的船長了不了解基隆港、評估其素養與知識、是否適任等。

　　第二關，引水人的考試分筆試、口試與體能測驗。體能測驗是最特別，也是一

定要過的科目，因為沒通過直接淘汰。然而這個考試，可真是困難，一分鐘內要上下九公尺的繩梯一次，吳雲斌看過不少人考試成績不錯，但體能測驗沒過。然而，他提到這是必要的考驗，因為引水人是要到防波堤外二海里處登船執業，如果連陸上靜止的繩梯都爬不上去，海上晃動的繩梯更不可能到達，根本不用上船帶領船隻進出港口。

　　第三關，通過考試的人要在未來執業的港口實習三個月，由資深引水人帶領。開始執業的第一年只能做一萬五千噸以下的船隻領港，第二年放寬到三萬噸，超過噸位的船就要資深領港做，如果前兩年沒有事故，第三年開始就沒有噸位限制。基隆港現在的船多在一萬五千噸到三萬噸，所以第二年就能夠帶百分之八十的船進出港口。

01. 引水人要上船前的配備很簡單，大致上有無線電、手套及在袋子裡的隨身文件。　02. 吳雲斌出船時，會坐在引水艇的船艙中準備上船。

吳雲斌說當上領港才會知道港嘴多寬、碼頭之間的距離、纜樁的位置，也會依照現況建議船長是否需要聯繫拖船，船長在進港靠岸時最怕接到機艙電話，表示動力可能有問題，當引水人狀況看多就習慣了，從容下指示排除狀況；如果船真的失去動力，就以無動力船靠泊應對，會跟岸上話務要求派一艘拖船協助，同時通知船務代理船舶處於無動力狀態的時間，因為無動力跟有動力的收費是不一樣的。

要了解人，更要了解天氣

他也提到，每年冬季十一月到三月，東北風刮起的風浪，在基隆外海可以達到四至六米高。依照規定，超過四米浪，引水艇就無法靠近大船，像是在外海四米浪的狀況下，一百八十米以上的船，很難維持船位，只能等風浪較小時再登船；領港登船後，指引船長把船的位置、方向、速度控制好，以及進港後的停船作業。如果是一百五十米以下的船，經常過來基隆港、或是定期航線的船隻，引水人辦公室會與船長協調，把船開到防波堤附近，浪打到防波堤大概降到兩米高，小艇就可以靠船。吳雲斌提到，有些船的作業流程不同。像是以前冬天固定的客輪寶瓶星號，它的母港就是基隆港，船長對這裡很熟悉，都會叫領港在堤口裡面等就好，這樣船可以保持十二節速度進來到堤口，再慢慢減速，減少船隻進港流程及時間。

如果晚上作業，以前出去找船都是摸黑，用無線電

引水人搭乘引水艇靠近大船，必須冒著風浪危險，跳到隨風搖擺的繩梯上，再沿梯攀爬而上。過程稍有不慎，即會跌入幽深大海。

01

喊，猜船的方位，現在引水艇上面都有電子圖、自動識別系統，會顯示船名、船位、船速、航向。此時，領港就會告訴進港的船「某某某，你現在在哪個航道，請你在哪裡轉向，保持什麼速度」。

另外，引水人對於漁船搶船頭也是很傷腦筋的，尤其天氣好時最常發生，無線電頻率不同也無法溝通，只能先轉向或是減速，真的不行就鳴笛警告開走。若碰到漁船在航道上釣魚，也要聯絡

行控中心派水警驅離。還好到目前為止領港還沒發生撞到漁船的事故，要不然真的會很麻煩。

時代改變，業務減半，大家都期待商船再回基隆港

談著談著，我不禁想到，我們進辦公室前，看到的空蕩蕩基隆港樣貌。訪談到後面，吳雲斌也帶點怨氣的說，本來基隆港的引水人在全盛時期有二十人，因為台北港的關係，不少船停靠到那邊，現在只剩十一人。這

兩年又因為疫情關係，船班不但減少將近三成，船期受到中國封港影響，變得非常不固定，有時候整個港口只有五艘船，也有一下子二十條船，起伏很大。連帶也影響引水人的收入，只能希望明年開春能慢慢回溫。

真正讓吳主任擔憂的是港務公司的態度。過往原有四艘砂石船定期停靠在基隆，因為軍港西遷及東岸要作為郵輪碼頭，被趕到台北港，而郵輪受疫情影響已經將近三年沒有來基隆，使基

02

03

04

隆領港收入未謀其利、先受其害。已經有九年資歷的吳雲斌非常介意商船一直移到台北港停靠。東岸的旅客大樓整修後同樣受疫情影響招租受挫,整棟空蕩蕩的,吳雲斌認為至少可以先讓引水人辦公室進駐,除了給同事好一點的辦公環境,也幫這間蚊子館衝點人氣,可惜港務公司並不理會。

訪談結束後,我們趁著難得的機會到港邊看看,望著無數台橋式機完全沒有作業,內港船席也無任何客輪,還有待命的引水艇艇長跟岸上的人閒聊,多少能體會吳主任方才的話語。一座超過百年的現代化港口,早已回不去那最輝煌的年代,但最少希望還有從海上來的郵輪與旅客,能夠蒞臨這座北台灣歷史悠久的城市。⚓

01. 引水人的紅色小船靠近大船準備領港的現場。02. 吳雲斌講解引水人的班表非常緊湊。小小的辦公室十幾個引水人要負責來自世界各地的大小船隻。03. 對引水人很重要的辦公室電報系統。04. 引水人專用安全帽,上頭有小型攝影機記錄領港過程。

一生懸命的青春與汗水
造船鐵工鄭朝玄

文章／鄭詩怡
攝影／林靜怡
訪談／田美子
紀錄／林佳慧
照片提供／台船造船公司

01

二○二一年長榮海運「長賜輪」擱淺造成航道阻塞，這是蘇伊士運河一百五十年來發生過最嚴重的堵塞事件之一。各國媒體熱烈討論著這艘船到底有多大，竟能夠擋住整條水道？

四百公尺長的「長賜輪」就像是一座在海上行走的摩天大樓，與三百八十一公尺的紐約帝國大廈差不多高，大概是三十三台大客車的長度。一艘如此龐大的船是怎麼建造出來的？生活在基隆港邊，每天都會見到大小船隻來去，但我一點概念都沒

有，決定找在台船基隆廠工作的叔叔問個究竟。

「簡單說的話，造船有點像積木，把船分割成一百多段，每段分別小組合，再進安裝工廠大組合，最後才送到船塢裡，把整艘船組裝焊接起來。」聽起來造船是相當巨大的工程，但叔叔卻一派輕鬆地回答我。

承襲日本職人精神的台灣造船公司

台船的前身是日治時期的「台灣船渠株式會社」，

01. 台灣造船公司是許多鐵工服務的地方。

設廠在社寮島（現稱和平島），是台灣第一家現代化造船廠。國民政府接收後，台船幾經更迭進入國營時代，民國六十五年時進行擴編，當時國中剛畢業的鄭朝玄在家人鼓勵下進入台船。

「當時沒考上的話，我打算去考北體。」叔叔笑說沒想到會順利進到台船，一待已經四十六年。考進台船後，便從冷作學起，又叫「鐵工」或「西工」，要學鐵工、電焊、瓦斯。他接著補充：「台船沿襲日本的學徒制，台灣叫做養成工，先進北訓中心培訓一年、現場實習一年，接著通過全國考試，才算正式進入台船。那時每年都有四五百人參加培訓，多半是國中畢業就進北訓，也有很多南部上來的，我們感情都很好。」回憶起那段青春往事時，叔叔依舊記憶猶新。

台船基隆廠興盛時期有三千多人，當時分工很細，造一艘船需要十幾個工廠分工，製造、組合、安裝、塗裝、機裝、船裝、室裝、木工、冷作、器械、鑄造、設計、修船等。鐵工在每個工廠都有，在北訓養成的時候最主要是學電焊跟鐵工。大部分的鐵工都是單一項目做到退休，台船裡以鐵工跟電焊的人最多，因為最需要勞力。叔叔年輕時因為充滿好奇心，也不排斥學習，接連換過幾個單位，因此成為少數樣樣通的鐵工。

年輕好學、樣樣通的鐵工

「我先學鐵工，後來做彎製，當兵回來後也學進料與放樣，那個工作比較偏設計，大多坐辦公室，又是責任制，我不喜歡，所以常常

跑現場幫忙，因此接觸的比較廣。」那應該參與建造過很多艘船吧？做過最大的船有多大？我好奇地問。叔叔開心地談起往事說：「最大的應該是十四萬噸的散裝貨輪，一艘船從下訂到交船要一年左右，我們的工作大概要約八個月。不過小船造起來比較快，以一年四艘來算的話，應該也超過百艘了。」

我對造船越來越感興趣了，但還是不大理解造船鐵工與一般鐵工有什麼不同？「工作內容基本上是一樣的，只是造船的構件大，另外有一些特別需求，像是彎製。」叔叔補充道。接著說：「彎製就是造船中最講究的環節，像船頭的形狀，我們稱它鼻樑，因為弧度很彎，要用冷彎先壓出形狀，再用熱彎加工，這個技術是學日本的，但加熱多久、什麼時候要加水冷卻，這個就很吃師傅的經驗了。」

01. 台船工廠內部。 02. 台船鐵工造船現場。

鐵工正在使用
瓦斯刀切鐵片

　　但是，光會處理基本鐵工一定還不夠，厲害的鐵工還得要會更大的工程。「業務單位拿到訂單後，會先找船舶設計公司拿資料，接著製造工廠下單叫料，便可以開始進入造船的流程。首先要放樣，依設計圖照比例放大，再用瓦斯切割需要的鋼板尺寸，然後進行冷熱彎，以彎製加工讓鋼板符合船型。接著便送去組合廠，像積木慢慢拼湊鋼板構件，先進行小組合，然後大組合，就可以油漆塗裝，最後進船塢安裝成船。」叔叔詳細的講解每個步驟。

　　「然後驗船協會來鑑定，焊接的地方都要拍 X 光片，有雜質就要重做。船造好

後，還得安裝設備，最後開到外海試車驗收，我們習慣把船稱作車。」一連串講解下來，我終於理解造船的繁複與工序，也才明白鐵工何以是造船的靈魂人物。

重工業人生，有汗水也有甘甜

　　然而，鐵工的環境並不是每個人都可以適應的。「夏天如果在船艙外殼上打顆蛋，會變成半熟蛋。」叔叔這樣形容工作環境。工廠環境本來就稱不上舒適，加上電銲使用二氧化碳的關係，風吹可能會造成鋼板接合處產生氣孔，以後裂開機率變高，因此現場不能吹電風扇，燒的時候特別熱，夏天工作很辛苦。其中最辛苦

的是安裝工廠，以前還沒有冷氣管，在狹小船艙裡面工作會熱到安全帽都變形，但老師傅也不喊苦。還有長期處在敲敲打打的環境中，因此聽力受損，師傅講話會特別大聲，但周遭親友不一定能理解。

　　然而，工作不會只有辛苦，北訓時期就養成的革命情感，讓台船像是個大家庭，不只工作上相互照顧，下班後也常常一起到街上的海產街打牙祭，或是工廠各自組成棒球隊較勁。這麼融洽的環境，可能真的會捨不得離開，我猜想，這應該也是叔叔會一直留在台船工作的原因吧。⚓

商場工場如戰場的傳承四代
重要船舶維修工作

洋民機械工程董事長
張清嵐

文章／西打藍
攝影／林靜怡、鄭詩怡
訪談／戴秀真
紀錄／林佳慧

　　船在海上航行，難免會有損傷與折舊，每隔一段時間都要進廠維修。為了瞭解船隻維修的工作，我們找到洋民機械工程的董事長張清嵐，詢問相關細節。張董事長一家四代都從事船舶修理，對此議題應該非常明瞭。因此，約好時間後，我們走進他位於基隆大武崙工業區的工廠，聊著傳承四代人的故事。

　　首次碰面，張清嵐非常熱情的為我們導覽工廠的器具與作業，他的女兒張芳馨也跟隨在旁，張芳馨平時不僅協助國外翻譯，還包辦業務、採購及處理工廠內大小事，未來更將接棒父親生意，傳承家業。

　　「爺爺黃海洋從日治時代就自己開業，當時名為海陸機械鐵工廠。後來日軍撤退時，甚至把祥豐街兵營、海軍醫院那一帶的權狀給我們，我們哪裡敢拿！家裡的祖訓是『從商不從政』，從商才是長久之道。」張清嵐追溯自爺爺入行開始，向我們娓娓道來。

張清嵐的父親張民旗，傳承爺爺的技術，曾在台船擔任工程師，後來也自行創業，卻因為發生了兩件憾事，導致不再經營生意。

第一次是張民旗的公司，正要為完成一批船舶維修的大訂單慶功時，突然接到港務局通知，得知船被火燒了。「當時有位管輪要把鍋爐點起來，但操作一直有問題，所以請老師傅去看，結果在通管時，把油噴出來而著火。那時候還沒驗收，所以我們要賠錢給船家。」張清嵐道出父輩維修船舶的過程中，曾發生的遺憾以及無奈，當時上千萬的維修費用，就此消失不見。然而，父親卻沒有因此而喪志，還是砥礪向前。

01

02

01. 洋民員工集體合影，前排左為太太黃蓮琇，右為女兒張芳馨。02. 洋民的員工努力趕船東需要的進度。

不久後，張民旗接到一艘新加坡船的維修工作，該船船東的父親是他的熟人，維修後張民旗便抱持著彼此多年來友誼及誠信精神，讓船先開航攬貨後再支付維修款項，但他們就這麼一去不回。

「當時我爸還欠材料商、師傅錢，跑去新加坡也要不到款項。進退無門，甚至想從香港偷渡到中國。而當時懵懵無知的我參加宗親會抽爐主時，不知天高地厚的寫了我爸名字投進去。就這麼剛好抽中了。我媽立刻打電話給正計畫如何遠走高飛一走了之的我爸，獲得這消息後，他只好回來面對。」張清嵐說起家中這段曲折離奇的故事，讓他的父親打消繼續開業的念頭。

從那之後，張民旗不再當老闆，轉而到輪船公司擔任工程師、工務經理直到退休。張清嵐則開始跑船，成為一名海員。

船舶維修＝服務業？一切從零開始

「船員薪資低，一個月兩萬，大部分都靠買賣生活用品來賺外快，像是帽子和鞋子等。水手們會從國外帶貨到委託行轉賣。」張清嵐自基隆海事航海科畢業後，跑了三年船。後來很快升至二副，月薪比起過去較為優渥，約有七萬元。

「跑船除了錢，什麼都沒有。當時景氣好，朋友開計程車一天能夠賺三千，卡拉 OK 服務員小費一個月都有三萬！我有兩個小孩，想說家庭比較重要，於是我跟太太商量：『給我十年在陸地發展，如果不行再回去跑船。』」張清嵐下定決心後，開始和哥哥一同經營船舶修理公司。

「我為了爭取萬海的生意，每天駐點打卡，當時雖然萬海已經有固定的合作工廠，我仍然常常去拜訪他們，刷存在感。直到萬海和一間工廠價格談不攏，他們馬上打電話給我，並問我說：『現在手上有機會，要試試看嗎？』」張清嵐談到當時爭取訂單的興奮，這些機會都是靠平日不斷的累積，才在緊要關頭找上門來。

公司業務穩定後，兄弟倆開始對經營定位產生分歧，張清嵐轉而自己開設公司，承接了麗星郵輪、台馬之星等客船，以及裕民、達和、萬海、連江航業、海大等商船的維修業務。這些維修業務之所以不包含漁船，是因為漁船要有豐沛的漁獲量才會選擇在維修保養方面大量投資，相較之下，商船的工作量較為穩定。

若不是船隻的定期檢驗時間，在船期很緊的情形下，通常進塢時間只有幾個小時，因此只會維修最重要的部分，確保船能安全開航並順利的抵達下個港口。張清嵐驕傲地說，過去臺馬之

01

星及臺馬輪經常性停航，直到他負責維修的那兩年內，才創下了零停航紀錄。我拋出疑問：「難道整艘船發生任何問題，你都知道怎麼維修嗎？」

張清嵐笑著回答：「找專業的人，做專業的事。我一個人當然不可能懂全部船的技術，一定要找人協助。包含救生設備、航儀、船舶動力、水泥、玻璃等，都各有各的特殊規格。以玻璃來說，有些是三層間隔，隔音又隔熱；有些是安全玻璃，需要灌入氮氣，破裂時才不會掉落。」我聽後點了點頭，維修工作實在是需要非常高的專業性及分工！

張清嵐表示，一艘船從駕駛台、機艙、船艏、船舷、國外採購，他都一手包辦。近期公司開發的新一項業務是壓載水殺菌系統，接下來有機會朝檢驗服務發展。

商場中乘風破浪，代代相傳的經營秘訣！

「前面提到父親曾經被人倒帳，你現在怎麼預防這種情況再次發生呢？」我接著詢問。「我曾接到馬來西亞麥加輪的業務，有五百多萬元。父親教過我：『全部做完後，留一個一天可以焊完的洞，拿到錢再完成電焊，

02

03

04

不給錢就坐在那邊等。』最後我們順利拿到錢，隔天馬上就讓他們開船離開。」張清嵐從父親身上學習做生意的方式，又將寶貴的經驗與公司經營心法傳承給女兒。

「我爸教得很好，給我很多機會嘗試，才獲得成就感。我未來會接續家裡的事業。」張芳馨提到，以前父親擔心國外買賣糾紛，都是直接向貿易商採購。而張芳馨精通外語，現在能夠直接向日本、德國、中國購買，為船東省下大筆中間費用。

張清嵐接續補充：「我一開始放給女兒做時，要她有問題再來問我。我當時親眼看她做了一定賠錢的報價，但是我不開口。因為管太多，她就不會想做，等賠錢後再讓她自己找原因。後來她有成就感，就會主動去做。」我聽後十分贊同，也

01. 洋民機械放置長期維護的「臺馬之星」配件室。02. 張清嵐董事長講解修船配件。03. 張董事長熱心公益獲頒志工楷模獎。04. 木製電纜鼓，裡面裝的是船上所使用的各式電纜。

佩服張清嵐願意讓女兒從做中學，不畏懼犯錯，以鼓勵代替責備的精神。

近年，張清嵐買了一艘老舊的運輸船，海研二號。船艙可容納二十餘人，是買來當作離岸風電業務的維修補給船。「當初公司都沒生意，直到用一百六十八萬標下這艘船的歲修工程【註一】，運就來了。公司很快就接到海事學校育英二號的歲修工程，總共有六百萬！我們維修海研二號二十幾年了，能擁有它很開心。」

聽到張清嵐這麼說，我內心感動滿滿，可以感受到這艘船對他的重大意義，象徵著承接與傳承。就有如他傳承自爺爺、父親維修船舶的精神，下一步，他要將這份薪火交棒給兒女。⚓

【註一】歲修工程：船公司每年進行的固定維修作業，內容包含多種類維修、檢測以及保養。

01. 員工將船上無法修理的物件送到工廠維修。
02. 修理船隻的板手。03. 船舶馬達的零件。
04. 洋民工廠全貌。

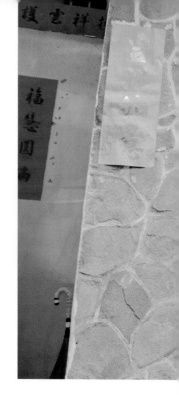

不為人知的神秘海中打撈業
基隆傳奇打撈業家族
張明全一家

文章／施博文
攝影／鄭詩怡、廖芷瑩
採訪／施博文、西打藍
紀錄／西打藍

風仔船，潛水員，老職人清理出可航行的基隆港灣

到了張明全指定、和平島巷弄裡的地點，從外觀看來，我們本以為只是一般民宅，沒想到這簡單的公寓，其實是一座小型私人博物館。屋內一樓的牌匾，寫著基隆的傳奇人物張火焰的介紹，而內部則全是各式潛水裝備的陳設。

張火焰是張明全的父親，一九一六年出生於宜蘭壯圍，一九二九年到基隆投靠大姐，

一九三一年經人介紹開始學習鳶工（高空及水下作業）工程，一九三四年加入基隆築港任務，參與台灣第一座跨海大橋和平橋的興建，期間結識了任職於基隆築港出張所的竹下六都夫，並持續精進工程及打撈技術。

二戰結束後，張火焰進入港務局工程單位，當時基隆港內大小沉船達數百艘，他參與了多艘港內沉船的打撈，練就了一身好工夫。他在工作上不僅受過日本技師的讚賞，還在竹下先生的鼓

勵下創業。因此張火焰在民國四十八年離開港務局擴建工程處,開業成立「華龍打撈行」,專門承接打撈及水下工程等特殊案件。

排行三男的張明全十五歲便開始跟父親學習潛水技術跟相關工程知識,只要缺工就會幫忙。

他說當時的打撈作業員是師徒制,不需要證照,大概三年四個月便可出師,通常一組作業是一艘俗稱風仔船的打氣船,搭配一位潛水員,一到三位打氣員,那時還沒有氧氣瓶,是以人力用傳統手搖式空壓機打氣,藉著氣管將空氣打入潛水衣及頭盔中。

潛水員跟打氣員的搭檔多是夫妻及其小孩,才會細心的注意水下人員的情形,要不然就曾經發生過打氣員不是家人,吃飯時間到匆忙收工,疏忽下釀成潛水員死亡的案例,張明全說他還記得那位潛水員的名字,是一位工作非常認真的長輩,著實令人感到可惜。

從古早裝備開始,在生死之間打交道的打撈世家

舊式的潛水衣光著裝就要花一個小時,全身裝備重量達一百八十斤(將近一百一十公斤)作業要到天黑才會結束,中間如果要休息,夫妻會約定一個信號。大概是一個小時老婆會拉一下確定先生是否安好,先生會回覆。而太太打氣也有一定節奏,通常是看泡泡決定打氣的頻率,如果泡泡比較多就要慢一點,如果氣太多就要洩氣。

張明全先生說：「整個原理就像氣球一樣，氣要在上半身，絕對不能讓氣跑到腳，要不然人會在水中整個倒立翻不回來；潛水衣也絕對不能被戳破進水，不然這麼重的潛水衣一個人根本沒辦法脫卸，絕對溺斃。」開始打撈前，船員要先下水勘查、了解船隻的狀況，看能否將船身的破洞補起來；確定可以救援，便將船身扶正、補洞封艙，然後將船體內部的水抽出來，船就會慢慢浮起來。

以上我們用兩三句話就可以簡單講完的打撈流程，事實上困難重重。像是氣管長度要準備至少海面到海底的三倍長度，因為要留住下水後氣管被海流帶成拋物線狀的長度。另外氣管外層也要包覆帆布以免被割破。此

01. 張明全講解舊時的潛水夫服裝的使用方式。02. 張明全家族留下的珍貴相簿，裡面收集許多當年打撈行工作的照片。03. 張明全父親張火焰的介紹牌。

外，早期下水後的作業，完全沒有燈光輔助，都只能用雙手摸索，非常吃經驗值。如果遇到障礙物，在水下切割技術還沒引進的年代，只能拿炸藥炸開，先由太太將雷管及電線插入炸藥中，再讓先生下水放置炸藥，並確定人員都清空後方能引爆。如果船隻已經確定無法救援，也是炸成比較小的物件，解體後慢慢打撈。

我們一群在公寓裡聽故事的陸地人，了解過往的海底故事後，全都嘖嘖稱奇。台灣根本沒幾個人可以清楚的解釋及回憶，我們基隆港灣下的基層海下職人，原來是如此練成的！

全台海底跑透透，國家工程的重要推手

張家的「華龍打撈行」成立後，正值戰後基隆漁業第一波興盛時期，港邊總計有五、六百條漁船，不時就會發生漁船遇到海象不穩的沉船事故，張火焰因此處理過許多漁船的打撈案件。然而，沉船不是天天有，打撈業行規又是「No Cure, No Pay」，打撈不成功就不收費，是風險很大的產業，因此沒有打撈案件時，公司就要接一些港灣工程。光基隆的港口，張火焰就有參與東10到東19碼頭擴建、協和發電廠海堤工程、中船基隆廠船塢擴建，以及一些正濱漁船造船廠的上架滑道修建。這些都是基隆重要的海港基礎建設。

更特別的還有民國五十六年陽明山平等里的通訊衛星天線架設，NEC承造天線時，借重張火焰的豐富起重經驗，特別商請華龍協助。在那個沒有吊車的年代，張火焰用自己設計的吊具，完成天線架設。張明全說，曾經遇過中華電信在衛星通訊站任職過的員工，他表示每天看著直徑三十公尺的天線盤，都在想當時到底如何架上去的。

民國六十五年，核二廠電機定子重四百噸，反應爐壓力槽更重達六百噸，量體太大，無法在基隆港上岸運送到廠區，台電委託華龍在廠區外海岸架設臨時碼頭，在風平浪靜的天候下，並算準潮汐，利用駁船與碼頭無落差的黃金一小時內，將兩部機組的重要發電設備平移到碼頭，成功登陸。

能夠完成這些工法及工種完全不同的特殊工程，顯示出張火焰對於工程理解程度紮實。他總是能快速提出解決方案，還用相機將當時作業過程完整記錄。當張明全一頁一頁翻動著家族相簿時，我們越看越是驚呼連連。

海上維生的日子

戰後所有商船都有保險，只要出事，保險公司就會出面處理，而且會派國外主管前來審查出險情形，張火焰跟兒子們的日文都不錯，但英文就得另外找退休船長等人員，與保險公司協調。

　　張明全解釋道，面對保險案件時，首先公司得向保險公司提出打撈計畫，由保險公司判斷計畫是否合理。一般打撈費用通常以噸計價，如果確定計畫可行，就看施工成果與進度，分批支付費用。至於打撈上來的東西，會由保險公司決定要怎麼處理。

　　一艘五千噸的船，從開始打撈到完成，至少要六個月的時間，期間工作人員都是住在工作船上，靠交通船補給，供餐都是請女性家屬（通常是媽媽）煮家常菜，俗稱寮仔飯，人員也會輪休，避免工作疲乏。

連飛機也歸他們管？

　　張明全基隆海事畢業後，也跟隨兩位兄長的腳步，全職投入家族事業，成為父親的得力助手。那時打撈案件較少，幾乎都是港灣工程，潛水裝備因為氧氣瓶的發明與技術創新而升級，水下切割技術引進後，也不再使用炸藥爆破，降低危險，在父親身邊經歷每一次的工程與打撈，都是全新的學習。他印象最深刻的工程是民國六十七年，第一條國際海纜「台琉海纜」從頭城登陸，

01

02

是日方亞細亞海纜公司人員請華龍協助工程。

當時為了避免海纜與石頭摩擦，要先套上保護塊，每個保護塊就有一公尺長、五十公斤重，光是這項步驟，就需要十六位潛水員配合潮汐施工。本來要用抽砂船將電纜勾抽上岸，但抽砂船太大，無法在沙灘碎浪區作業。當時，聰明的張火焰用汽油桶造了一艘小浮筏，放上抽砂幫浦，在碎浪區挖出管溝，並將電纜放在管溝裡並拉上岸後，即掩埋管溝固定住海纜，才解決了團隊非常頭痛的施工問題。

除了重大工程外，龍華團隊的厲害之處，還展現在救援上。民國七十五年農曆年間，華航737客機在澎湖失事墜毀於目斗嶼附近海

01. 舊款潛水衣的鞋子。02. 張火焰蒐藏的船隻模型。03. 張火焰紀念館中擺滿家族留下的舊式打撈人員潛水服及打撈相關用品。

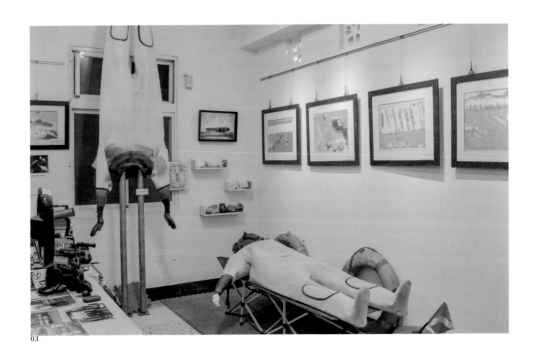

域，華航先聘請國外團隊進
行打撈，但都徒勞無功，張
明全大哥遂去函華航，表示
願意協助打撈，經過兩個多
月，竟成功將飛機殘骸打撈
上岸，龍華團隊就此聲名大
噪。此後，國內只要有飛機
失事墜海，幾乎都是張家成
員包辦打撈作業，包括民國
八十八年德基水庫打撈眼鏡
蛇直升機、民國九十年幻象
戰機新竹外海殘骸打撈、民
國九十一年華航澎湖空難搜
救等。

　　張明全在龍華擔任過潛
水員、工程員及工地主任等
職務，並參與八斗子漁港及
碧砂漁港興建，歷時十六
年，隨即投入麥寮港的興建
與擴建，一做又是二十五個
年頭，大半歲月都貢獻給這
兩座港口；張火焰和張明全
兄弟的打撈和水下工程經
驗，加總超過兩百年，大小
工程案場遍佈台灣與外島，
舉凡漁港建設與疏濬、海
纜、油管埋設、沉船打撈解
體等，皆有工程實績。

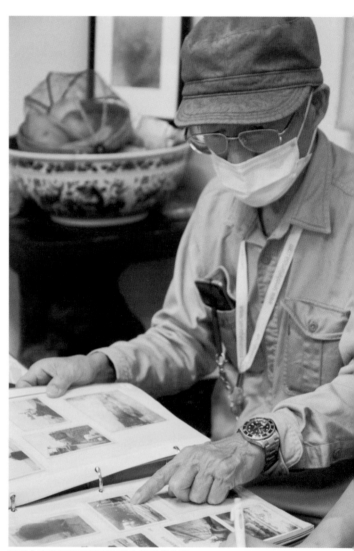

張明全拿著相簿講解家族過去打撈的故事。

華龍的全盛時期有將近五十位正職員工，三十多艘大小工程船隻，每月開支十分驚人，需要不斷接案來維持營運；而在張火焰及兩位兄長過世後，水下工程與打撈業務萎縮，張明全便結束華龍的營業。不過四弟另外在高雄成立亞太港灣工程公司，接棒張火焰的百年水下技藝。

工程潛水員的悲歌，但還是離不開那片海

在氧氣鋼瓶出現前的傳統潛水年代，工程潛水員是非常耗體力、高耗氧的工作，一旦超過四十歲，幾乎無法負荷那麼繁重的工作強度，只能交棒給年輕人。張明全還說了一個很可怕的數字：「將近七成的潛水員，幾乎沒辦法安全工作到退休，人力耗損非常之大，而且大家都是在水中垂直上下，完全沒有做減壓動作，直到看到有人從船上跳到岸上，輕輕一蹬而已，小腿就斷掉，才知道有潛水夫病，但那時已經來不及，骨頭早已因氣體栓塞而缺血壞死……就算現在有減壓艙可以做緊急治療，但在水下工作時間太長，嘴巴光咬潛水調節器至少五至六個鐘頭，真的不好受。」面對奉獻自身給水下，幫助台灣重要工程前行的潛水夫們，我們只能肅然起敬，又感到非常心疼。就像張明全自己也下水過，他知道那種辛苦，會讓現在的年輕人不太願意進入這個行業。

訪談最後，張明全帶我們參觀館內的潛水設備，他說之前有位美國人知道他們有舊式潛水衣，一直洽詢收購，後來兄弟們才驚覺應該要留幾件下來做紀念，便不再出售，連同其他潛水裝備，以及父親生前畫的樸素畫，在家裡的老宅一樓設立紀念館，供人參觀，希望大眾認識打撈業的工作與文物，也讓我們得以發現這一個傳奇的打撈業家族。

現在張明全也已退休，每週到親手興建的八斗子漁港旁的海科館當志工，並且從碧砂漁港帶團上基隆嶼，偶爾也會出海釣魚。他的生活還是離不開海洋，只是換一種方式與基隆的海繼續作伴。⚓

讓世界大船看到基隆港邊明亮的燈火
燈塔看守人曾智忠

文章／西打藍
攝影／林靜怡、鄭詩怡
訪談／田美子
紀錄／林佳慧

在半夜時分，一個人站在高塔上，望向遠方駛來的船隻，默默引領它們平安入港。這樣孤零零又厚實的背影，是我對燈塔看守人的職業印象。

從小，無論是從書上或電視節目，常常看見象徵盡心守衛的燈塔，在港邊佇立著。然而，我從未有機會真正走入塔內，無從知曉燈塔裡頭有哪些設備？又如何運作？這次，我們透過多方詢問與申請，終於找到任職燈塔看守人多年的曾志忠，帶領我們走入神秘的燈塔內部，探究燈塔守護者的工作。

岸邊守護者的日常

曾志忠帶著我們爬上基隆白米甕砲台【註一】旁的小山，抵達鄰近港邊的基隆燈塔。前方，是排放整齊的各色貨櫃；遠方，可以看見船隻入港濺起水花的畫面。我們一邊看著美麗的景色，一邊聽曾志忠說起自己是如何進入燈塔看守人一行。

「我退伍後就透過考試進來，一開始是在辦公廳負責燈塔維修工作，隸屬海關轄內的工程科。後來燈塔業務轉移到交通部航港局，原本駐守燈塔的人退休，我才

開始進到塔內服務。」曾志忠說著入行契機。

聽著聽著，我則提出好奇已久的問題：「燈塔看守人的工作是什麼樣子的？需要做些事呢？」曾志忠表示，過往看守燈塔的工作內容比較簡單，只需要照顧好環境，發生問題上報主管，器械故障都會有工程科同仁來維修。而現在維修工程師漸漸減少，多數設備轉而仰賴看守人維護。

看守人的工作項目繁瑣而多樣，包含修理門窗、更換馬桶水箱、泥作、油漆、銅器保養，以及常態性維護如定期測試發電機、保養建築設備、檢查監視器線路，樣樣都要親力親為。上班是三班制，八小時一班。一班會有兩到三人當班，大夜班普遍只留一人看守。

「我負責的業務是工作分配和處理外包工作，必要時也要到各區維修燈塔。全台灣的燈塔都去過了，除了維修之外，還須要安裝燈塔與燈杆。」曾志忠細數自己的工作事項。

01. 曾志忠主任講解燈塔內部的構造。02. 燈塔上方的大型旋轉燈是指示遠方船隻入港的重要物件。03. 基隆燈塔博物館蒐藏的舊款基隆燈具。

注意！強燈提醒，燈杆指引

台灣本島共有十九座燈塔，離島則有十七座。基隆燈塔於一八九九年建造，早期是使用煤油燈的鐵塔，後來改成鋼筋水泥構造，採用交流電設計。

「燈塔會在夜晚發射強光，用來提醒船隻避開險峻的海岸、暗礁和沙洲，減少意外發生。燈塔主要是給商船使用，因為商船普遍不熟悉港口狀況，體積又大，稍微碰撞就很危險。而小漁船通常是當地的船，相對熟悉海港地形。」曾志忠一邊說明燈塔用途，一邊指向遠方紅、綠兩色的燈杆，接著解釋它們的功用。

「船要進出港口，就要倚靠燈杆上的光。當船從外面進港時，會看到右手邊是紅燈，左手邊是綠燈，這代表入港的方位。基隆燈塔附近，總計有八支燈杆。」曾志忠朝著海面比劃著闡述。

曾志忠還曾經駐點於富貴角燈塔兩年，因應當地容易起霧的特性，增設了霧燈裝置。當白天起霧時，就會間歇性地發出三十秒聲響，用來示警附近船隻，讓他們知道附近有危險，千萬別靠近。

除了光線投射、霧燈外，雷達標竿是另一個重要裝置。雷達能夠發射信號給商船，讓船隻事先判斷距離遠近，以避免碰撞事故。

富貴角燈塔還有一項特殊設計，旋轉燈。要讓燈轉動，需要依靠一個裝有水銀的盆子，藉由馬達發動才能旋轉。聽到此處，我已經對燈塔運作有基礎認識。轉而

進出港口常看到的閃光燈杆。我國航路標識採行國際燈塔塔會（IALA）「B」區制之規定，船舶出港時，右側的燈杆，其外觀及燈光均為綠色，左側則為紅色，以供航行船舶研判方位。

它會在燈塔或燈杆的最上方，當船隻發射訊號後，它會回覆此訊號，讓船隻得以測量與港口的距離。

燈塔的燈座。為配合燈塔能照亮到四面八方，因此使用旋轉燈座作為發光載體。

詢問：「在維護燈塔期間，有遇過哪些危險嗎？」

深夜搶修隊，守護船隻的日日夜夜

在過往科技不發達的時代，只要發生颱風，或是十月開始刮起東北季風，設備就容易損壞，需要即時派人維修。

「我先前在台中高美工作時，負責台中港燈塔的維修。有次半夜燈塔壞掉，我們怕頻繁進出的商船出事，頂著強勁的東北季風也要趕緊維修。」曾志忠表示，若不確定燈塔有無發亮，卻剛好有船隻碰撞出事時，船家往往會把責任推給燈塔看守人。這時我們就要請信號台舉證，調出工作紀錄，承擔過失責任。

曾志忠也提到，由於燈塔看守人的工作內容風險高，現在仍多由男性擔綱該角色：「目前燈塔上依舊沒有女性人員，早期需要負重登高油漆、定期背電池上基隆嶼更換，普遍認為女性較無法負荷這類的體力工作。」性別狀況的不均衡是職場舊習，但也透露燈塔守護者職業的危險性。

然而，在科技蓬勃發展的今日，燈塔已經逐漸轉為一種輔助工具。當今船隻多是依靠衛星定位與雷達偵測，而燈塔成為了最後的防備。如果其他設備故障或損壞，燈塔的亮光能讓船員以肉眼辨識出港口方位。

我在燈塔前，看著正前方有如龜島似的基隆嶼，右前方則有座紅色屋頂的光華塔【註二】；一旁防波提上，有紅色、綠色燈杆挺直站立，是很難得一見的美景。

我遙想著早年的燈塔看守人，他們多是一家人住在燈塔中，裡面有完整的宿舍、廚房和客廳一應俱全。燈塔看守人一邊看著近在咫尺的海景，保護船隻安全入港，一邊和家人共度家庭時光，想想都是件十足浪漫，幾乎只有在電影中才可能出現的夢幻景致。⚓

【註一】白米甕砲台：又稱白米甕堡壘，是位於台灣基隆市中山區太白莊的一處砲台遺址，過去曾是台灣日治時期基隆要塞司令部的要塞轄內設施。目前屬基隆市所管轄的市定古蹟。

【註二】光華塔：民國五十六年啟用，高約三十三點五公尺的燈塔。早期港務局招待貴賓用，可以遠眺基隆與周邊海域，也曾設立全國首座燈塔咖啡廳。目前並未對外放。

02

04

01. 燈塔守每日工作的紀錄報表。02. 基隆燈塔的入口。03. 每日看守基隆港安全的基隆燈塔。04. 從基隆燈塔瞭望航港作業空間。05. 從基隆燈塔瞭望外木山的協和發電廠。

請帶著我們的使命感出航吧！
驗船師王漢熙的故事

文章、訪談、紀錄／戴秀真
攝影／鄭詩怡、廖芷瑩
照片提供／王漢熙、財團法人中國驗船中心

　　陸續訪談了幾位與船舶相關行業的職人們，多是在其專業領域中資深的前輩，我們已很熟悉根據長輩們的頻率做應答。所以當財團法人驗船中心的驗船師王漢熙先生，走進約訪的咖啡廳時，同行夥伴們驚呼，這大概是最近遇到最年輕的一位職人！而他從事驗船師已經長達十四年，目前是基隆連絡處的副處長。

驗船師是船舶行業的 hardcore 人物

　　「我也沒多想，可能小時候爸爸常帶我們去基隆釣魚，一種情感上的連結就決定念海洋大學了吧！」王漢熙想起當初選填志願的故事，其實單純又感人，他接著說：「我後來選擇系統工程暨造船系，是因為當時老師介紹這個系的出路時提到，從系上畢業後，能在航運界當工程師、去船廠服務，或是到船舶設計公司。」其中他特別記得「驗船師」這份工作，因為當時老師說，這是船舶行業的殿堂，是個很神聖的職業，之後王漢熙便非常嚮往這份職業。有了既定目標，他一直朝著殿堂的方向駛進，直到成為同屆四十幾位畢業生中唯一的一位驗船師。

　　驗船師平時工作內容，

包含建造中的船舶檢驗、現成船的定期或臨時檢驗、材料及設備檢驗等等。入級船舶之圖說、船體及機器皆要符合船級規範規定，再者航行國際線船舶依適用範圍符合各國際公約要求，例如國際載重線公約、海上人命安全國際公約、防止船舶污染國際公約等。

船舶的醫生，船隻的大小毛病都靠他

原本我腦裡想像的驗船師，似乎只需要把相關的制式化文件弄清楚，再到船上這邊敲敲那邊看看，依例行公事檢查即可。不過王漢熙說：「驗船師像是船舶醫生，發現船隻的問題，進而提出解決方案，看似簡單的工作都需要累積經驗，並經過時間的焠鍊。」

一位驗船師要能獨立作業，平均需要花五年，除了課堂上基本概念的訓練，初期也要跟著師父一起工作。他說，最佳的訓練狀況是職涯初期參與一艘建造中新船的檢驗，經歷船舶從無到有的各個歷程，從鋼板、管材材料確認、結構銲接、船體組裝、確認管路系統、設備安裝、電纜鋪設等布置細節。以鋼構船為例，一般我們所熟知的貨櫃船、散裝船，從驗船師駐廠到建造交船，差不多要十至十二個月不等。當船舶交船，看著這艘新誕生的船舶漸漸駛離碼頭時，那時候的心情有股說不上來的感動，竟然完成了一項這麼艱鉅的工作。

01-05.財團法人中國驗船中心的驗船師會在船隻上下內外都進行船隻檢驗。 06.王漢熙（右）檢查陽明船隻時與工作人員的合影。。

驗船師就是船隻安全的第一道守護者

新船建造出來時都是漂亮的,但五年過後,甚至經過十年、二十年,船體結構會鏽蝕、設備會耗損。如果船員保養不勤快或沒有相對的維護知識,或是船上的保養資源不足,那麼船況就會每況愈下,進而產生危害的風險。

王漢熙說,每次檢驗後都可能會發現幾項缺失,驗船師的職責就是為船舶安全把關。攸關航行安全的缺失,必定要立即於開航前改善。當驗船師指出缺失及不符合事項,船東第一時間都會考量到修繕經費的問題,因此驗船師必須秉持專業素養及良好的溝通能力,站在技術層面上跟船東說明未來可能面臨的風險。

王漢熙繼續向我們解釋,「船在海上運動是六個自由度【註一】,接收來自四面八方的力量,無論是海浪或氣候變化,船隻都會受到影響。所以船體結構會有最低要求,就拿鋼構的船來說,原則上主要依各結構位置,要求腐蝕量不能超過原厚度20~30% 不等。

驗船的當下,每個驗船師都必須展現專業的素養,從各角度來確認船舶的航行安全。確保船體設備與機器完善,能讓這艘船平穩出航、完好歸來。當確認船舶缺失沒有迫切影響到航行安全時,驗船師會依專業判斷及決定有條件式的限期改善,以利船舶如期開航正常營運,這時候驗船師平常的養成訓練是最重要的一環。

「因為我們對品質的把關及確保船舶安全的堅持,不希望有船舶被留置於港口,無法開航,或有船體保養不當,發生危害,我想這應該就是身為驗船師的使命感吧。」王漢熙語帶謙虛,神情卻堅定有自信。

就交給驗船師把關吧!

訪談到這裡,我發覺驗船師的工作其實比想像中複雜與辛苦。王漢熙與我們分享幾次難忘的驗船經驗,比方說船體外部的結構銲接,因為所需技術比較困難,品質容易會有瑕疵,一定得再三確認有依銲接程序及規範修理。

他邊講邊比劃說:「你想像一下,那些船身都很高,就得使用高空作業車,站在上面進行檢驗,上升得越高就越晃,其實很危險。」

除了在船艙外爬上爬下,也需要深入船艙內部,他提到:「先前曾經在一艘油輪執行特別檢查,為了執行貨艙近距離檢驗,會放一艘小艇,裡面又黑又暗又熱,即使完成通風作業,還是充滿難聞的油氣。檢驗時須在貨艙裡面划船,確認內部的板列及結構。為了船舶的安全,即便是惡劣的環境,身為驗船師的我,也要全力以赴。」

除了檢驗新船、現成船以外，也會有船舶因偶發事件例如碰撞、設備損壞等，需要立即到現場執行臨時檢驗。王漢熙回憶起在二〇一六年有一艘油輪，因為天候不佳，主機倒俥【註二】故障，造成油輪座底擱淺。當時船東馬上成立緊急應變中心，王漢熙則與另一位資深驗船師前輩進駐，油輪拖救後執行海損之臨時檢驗，確認損壞範圍及適航性後，船東就安排油輪到船廠進行修理作業。

你一定要尊敬大海啦！這是無法妥協的事

驗船師的工作無庸置疑需要非常的謹慎，不僅只有看顧船隻本身，另一重要環節便是有效溝通。驗船師最常接觸到的利害關係人包括航港局、造船廠、設備製造廠、維修廠、各設備服務技師、船東代表與船員等，不同位置的角色都有各自的想法，與看待問題的立場。驗船師居中得面面俱到，與形形色色的人保持客觀溝通、達成共識並相信彼此，才能維持良好合作。

王漢熙回想起與總驗船師（Chief Surveyor）面試時聊到自己的興趣，「我提到大學時期參加過登山社，自詡體力還算不錯。進入這個職業後才發現，驗船師不只在專業領域上有一定的水準，執行船舶與船體檢驗時也需要爬上爬下，體力更要好！當初也許是因為登山社，才得以入職也說不定喔。」這番話讓現場人都笑了，也都感受到他對這份工作的熱情。

驗船師行業的宗旨是，船安、人安、貨安、航安，還有防止環境污染。海上相關的所有人事物，都萬萬不得馬虎。從王漢熙敘述驗船工作時的認真神情，以及耐心地解釋出任務時隨身攜帶的工具，看見他沉浸在描述這些器具該在什麼情境下使用，闡述它們是如何缺一不可，很能感受這是一份非常神聖且有成就感的工作。

我想，王漢熙在登山社時期學習到了對山林的尊重與敬畏之心，這般心境即使從蒼鬱山林到了壯闊海洋上也同樣通用，才能一步步穩穩登上驗船師殿堂。⚓

【註一】六個自由度：縱移（Surge）、橫移（Sway）、起伏（Heave）、縱搖（Pitch）、橫搖（Roll）、平擺（Yaw）

【註二】倒俥：大型船隻想要立即停駛，不像陸地上的車子可以踩煞車，船隻必須利用螺槳反轉所產生的逆向推力，那就是「倒俥」，使船儘早停止。（參考資料：國立海洋科技博物館——學習加油站。網址：http://ship.nmmst.gov.tw/ship/faqdet/158/744）

01

01. 王漢熙的裝備。左上到右下分別有工作靴、工作服、測量空氣儀器、小槌頭、哨子、量尺、油性簽字筆、白手套、安全帶、護目鏡、安全帽。02. 王漢熙隨身攜帶的測空氣設備。

02

與大海搏命的海底工程與援救專家
與海為伍的潛水人李冠賢

文章、訪談、紀錄／西打藍
攝影／廖苙瑩
照片提供／李冠賢

海上救援、海底工程，對我而言是個十分遙遠且危險的名詞。海上天氣的莫測，以及海裡難以預料的各式狀況，讓海上工作者需要時刻保持專注，才能保障自身安危。

在八堵一座工廠基地裡，就有一位執行海上救援與工程任務，將近三十年的潛水工程專家李冠賢。平時李冠賢相當忙碌，會到台灣各地執行海上工程作業。我接連撥打幾次電話，他都說仍在桃園觀塘工作。等了他好幾個月，才終於摸到他的空檔，約成這次的採訪。

進行採訪時，我和夥伴都興奮不已，畢竟這是少數人才有的採訪機會。第一次走進工廠內，我看到的是整排各式規格的工具，規矩的擺放在易取的牆面。地面上，則擺放各式不知名的中型器具。「我們的『傢伙』很多，例如這一台『小烏龜』上面裝著高速旋轉的盤子，是用來打碎吸附在船上的水生物，外表看起來不怎麼顯眼，但是一台可不便宜。」身穿日常工作服、操著「氣口十足」台語的李冠賢，一面豪邁熱情地向我介紹各式工具，一面娓娓道出進入這行的契機。

海上潛水夫的不凡背景！

我一問之下才知道，李冠賢出身於海軍的輪機部。退伍後，因為潛水本領優異，加上當兵累積的海上經驗，朋友便邀請他一起到一間汐止的公司上班，從水上工程作業做起。熟悉作業流程後，李冠賢轉為自行開業：「以前沒有證照制度，比較偏向師徒制，而現在就要考一堆專業證照才能執業。我們主要工作有三類：海上救援、船底清潔、碼頭建置。」李冠賢一邊拿取證書給我看，一邊說明公司的主要業務。

平常人以為簡單的清理工作，在海下作業時，卻成了超級專業的事情。他一張又一張的證書，都是世人認可這種海下工作值得被尊敬的證明。

對抗海上惡劣氣候的超級海上救援工作

我原以為海上救援的狀況，都是非常戲劇性的危機場景，但李冠賢告訴我，哪可能，又不是拍電影！多數

的狀況都是商船或漁船，不慎絞到廢棄纜繩而失去動力，需要他們前往解決的小危機而已。

當漁船絞到纜繩時，首先船長會趕忙用無線電聯絡漁會，告知位置與救援原因後，漁會就會請李冠賢前往救援。「漁船用的纜繩比較一般，斷掉通常就會沉到水裡沒錯。而商用船的纜繩通常比較好，這種就會浮在水面，導致船經過海面時不慎絞了進去。」李冠賢解答海中不為人知的工作場景。

到了事發定點，他會穿著潛水衣、蛙鞋、頭套、燈具，準備下海割斷纜繩。「船上會有空壓機打空氣下來，就可以呼吸，要比背氣瓶方便多了。我潛下水後，會快速用短麵包刀割斷繩子，就算完成救援任務了！」李冠賢說的很簡單，但我可以想像，在陌生海域中，遇到氣候惡劣或夜晚救援時，會是多麼驚險的行動。

船底要清潔，才能快樂出航，平安回家

按照船舶定檢規定，每隔數年就需要到船塢維修清潔。由於上岸清潔的費用高，若尚未到規定清潔時間，船公司通常會委請李冠賢協助。

我傻傻的問：「為什麼一定要清潔呢？是因為在意外觀嗎？」李冠賢笑笑的回答：「不是啦，髒污會讓航速變慢，當船速慢於平時的節數【註一】時，就代表螺旋槳和舵板太髒，這可能是有生物、海藻附在上頭，需要用『小烏龜』【註二】、鏟子刮掉它。如果不清理，反而會造成油耗浪費。」清理難度會因為地點而改變及調整，像是高雄港就規定，為避免洗船刮下來的內容物污染港口，要求船東們不得在港口內洗船。海外的清潔增加工人的風險，這時就要靠真功夫來克服海上作業的挑戰了！

保護環境的生態攝影才是海上工程的起步關鍵

在興建一座碼頭前，我原以為只需要鋪平海底，就能動工。然而李冠賢告訴我，近年還多了一項重要的前置作業——生態攝影。

生態攝影的目的，是為了做好環境保護。若在水下探測過程，發現世界保育級珊瑚，就需要改變碼頭的方位。要做好生態攝影，總計有三個步驟：

Step 1、放點：透過 GPS 定位碼頭方位，粗略放置標準線。

Step 2、拉線：將落在海底的線拉緊拉直，確認線落在正確位置。

Step 3、錄影：李冠賢會潛水到指定位置錄影，海上會有戒護船保護，阻擋經過的漁船，以免潛水員受傷。最後，李冠賢會將攝影記憶卡交由學術單位驗證，即完成任務。

01. 李冠賢團隊在海底拆除物件時的留影。 02. 李冠賢手拿水下常使用的刮除船底附著物工具。03. 潛水帽是潛水夫的好夥伴。手機裡頭則是李冠賢團隊使用的纜繩。

01

02

03

01. 李冠賢的公司永詰海事，經常到全台灣各地的海港出差。圖片中，員工才剛回來，就在準備明日南下的裝設。 02. 海事救援必備的傳動機器。03. 工廠角落擺滿每天下水必備的氧氣鋼瓶。

「學術單位會待在船上觀看 CCTV，確認我們整個攝影的過程。」之所以會那麼嚴謹，是因為之前曾經發生過單位造假影片，所以學界對此工作特別注意。完成生態攝影，等待環評通過後，就能整平預定地的海底，準備進行一系列複雜的碼頭工程。「基隆港的西 33 碼頭，當年就是我們幫忙建造的。近期，我們在做外木山藻礁的外移工作，還包含沉箱釋放、海水測污。這些工作在我們這一行算是基本功夫，而台灣並沒有這麼多建造碼頭的工程，我們主要還是以維修工作為主。」李冠賢提到另一項碼頭重點作業，維修。

碼頭維修是保護基隆港不可忽視的細節

每年港務局都有碼頭檢查的標案要執行，主要有兩項工作：

1. 清除附著的海生物：李冠賢會對水底鋼管、碼頭周遭做徹底清潔。

2. 檢查侵蝕程度：海底的柱子、鐵板隨著放置時間一長，很容易會受到侵蝕，需要檢查物件狀態，以決定是否要重補。同時也要檢查碼頭地面的受損程度，以免影響整體承受度，而造成危險。

「碼頭的使用年限是三十年，時間一到，整個碼頭面都要打掉，裡面的鋼管、鋼板都要換過一輪。其他的沉箱、柱子，則看損壞程度再決定。」碼頭維修有超多細節，經由李冠賢一一細數後，我才發現自己平常看的基隆港灣，原來是那麼細膩的工程，以及有如此多默默無名的工作人員，奉獻他們的日常，一點一滴累積，才能保持如此樣貌。

生不帶來，死不帶去，享受生命的任何一刻

海上救援、船體清潔、生態攝影與碼頭維修，這四項工作是李冠賢的日常。

他說這些工作，其實風險很高，曾遇過非常緊急的情況：「有一次在通霄電廠做水下工程時，不知道為什麼，突然呼吸不到空壓機打的水面空氣。我剛好在很深的地方，趕緊拿起備用氣瓶拼命往回游，那一次真的很驚險。」李冠賢心有餘悸地訴說當時場景。我一邊聆聽，心裡一邊想著的，是電影般驚心動魄的畫面，差個幾秒鐘可能就釀成糟糕結果。

聊完艱辛的工作歷程，以及危機四伏的故事後，李冠賢開始分享他的日常生活。包含他到台灣東部抓山豬的錄製影片，以及和好友在海邊釣魚，山上抓山羌、各式野味的影像。工作外，他種植植物、養動物，享受人生。講起他在野外的故事，他邊分享，邊露出滿足的笑容。

從這次採訪過程，我感受到李冠賢滿滿的生命活力。他同時有著對工作的專業態

01

度，以及對生活的講究與投入，在在讓我感受到，他是一位活出自己生命特色，但又同時擁有深度的專業者。這樣令人欽佩的一位職人，是台灣人都該認識的對象啊！⚓

【註一】節數：是航海人會說的專業速度術語，英語：knot，速度單位，定義為 1 海里／小時，等於 1.852 公里／小時。

【註二】小烏龜：指的是工程上用的研磨機具。

01. 潛水夫在海上救援的現場等待開工。02. 潛水夫準備下水。03. 海上救援工作者在救援艇上準備工作，他們時常要在海上待好幾天。04. 永詰海事團隊成員在岸邊聽開工前的注意事項。

02

03

04

運貨人

大船入港後，船上的貨品還需要「運貨人」的協助，才能交付給陸上的貨主。

在本輯，張文正理事長分享他在報關行業幾十年的風風雨雨；李定旺則告訴我們碼頭工人的興盛與衰亡；出生於海運業，後來落腳物流的王進興則是看盡岸邊商業貿易的冷暖；紀華捷為我們揭開鮮少人聽聞的理貨行業面貌；調度司機的管理人王文賢是碼頭船東們最仰賴的出貨人員；起重機守護者吳志宏則把關岸邊機械的安全；舊時守護穀倉的洪順發，現在則變成港務人員社區、高遠新村的服務者；傳統交辦店的老闆藺全生則道出科技發展下港邊貨品的演變；最後還有船務代理公司，他們是船東的好夥伴，更是全世界船員的好朋友。

「運貨人」是銜接海上與陸地的橋樑，更是基隆港經貿基礎的支持者。透過他們的視角，引領我們看見由物流繁複網絡構成的特殊基隆景致。

船的旅行社，包辦進出口貿易大小雜事的報關行
張文正理事長的港口人生

文章／鄭詩怡　攝影／林靜怡、鄭詩怡　訪談／田美子　紀錄／林佳慧

在基隆街區閒晃的時候，如果你留心於道路的景象，會發現許多報關行的招牌，偷偷塞在窗戶之間。越往巷弄越密集，尤其是孝三路一帶，更是如此。由於我的工作室就在孝三路三十巷，所以經常偷偷觀察著報關行。如果只是普通的辦公，當然是沒什麼值得好奇的，但這裡有個收件窗口，工作時間常常是深夜，不少人會在凌晨前趕來投遞文件。這樣的行業，令人感到神秘。

我常不經意看到，巷弄裡的報關行用空中纜繩吊掛文件，下放到一樓給等待的送件人員。他們一到樓梯口，便往樓上大喊報名號，接著提袋就會咻咻咻快速送下樓，文件再咻咻往上升。每每看到我都會忍不住駐足，不只因為畫面逗趣，心裡也充滿疑惑。「為何不按個門鈴呢？或是直接上樓就好啊？」我心裡想。

後來我才得知，民國六十至八十年間的基隆港貿易繁忙，報關業者從一百多家，逐年攀升到五百多家。那時，整條孝三路幾乎都是報關行的辦公室，大家都爭著搶租一樓的

黃金店面。然而，近年來當港口榮景不再，報關行紛紛往巷弄搬遷，也多半選擇較便宜的二或三樓。但因為送件頻繁，大家也疲於上下奔波，不知是誰想出了吊掛文件這一妙招，便成了這番有趣的工作景象。

但我還是不大清楚報關行主要做些什麼，直到聽到一位從業人員與我分享：「大家出國旅遊，為了方便省事，不是都會找旅行社代辦手續跟規劃行程嗎？報關行就等同於進出口貿易中旅行社的角色啊！」聽完他的敘述，引發我更多的好奇。於是，我主動聯繫基隆市報關商業同業公會，希望拜訪理事長張文正，而他也爽快的答應了。訪談過程中，他不只分享自己的經歷，還為我講解報關行隨時代變遷的起落。

繳稅？送貨？還是檢驗的公司？

民國四十年次的張文正，是土生土長的基隆人。高工念的是報務，也就是無線電，畢業後工作多半是跑船，但媽媽不希望張文正跑船，於是高中畢業後，他選擇先到報關行當

報關行人員也要熟稔相
關法律條文，因此公司
內擺放許多法律書籍。

學徒。當時入行沒有門檻，只要當了學徒，
便是從小弟小妹做起，負責打掃公司、到船
務公司拿提單及跑銀行等。張文正當兵後，
便到台北公司學報關業務，民國六十七年進
到開源公司，一直從事報關工作到現在。

張文正表示，報關行的職務眾多，他們最主
要的工作大致有三種：一是收到文件後製作
表單，到海關報稅驗關；二則是進口時負責
提貨，交給運輸業送到客戶手上；最後出口
要安排船班，將貨物送到國外。張文正解釋
道：「在沒有傳真機的年代，有專門的文件
公司負責從台北拿單回基隆，急件的話會另
外派專人取件。回來後由俗稱打單小姐的內
勤負責製作報單，那時還是用油墨、刻鋼板
印刷，貨量大時常常要熬夜製單，非常辛苦。
不同品項之間沒什麼特別差異，就是把稅則
抓好，不能人家送來烤箱，你報成微波爐。」

那過海關要一一抽驗嗎？我接著問。「以前

人工報關是採隨機抽驗，抽中你的單就得派
驗，外勤人員便陪同海關開箱驗關，通過後
才估價計稅、繳稅放行。民國八十年，港口
推行電子化後，報關相對簡單快速，只要拿
船公司的提單去提貨，貨櫃場或港務公司經
由電腦確認是否放行，放行後一樣繳稅提
貨，再交給卡車或拖車就完成了。抽驗比率
降低，大公司一年搞不好驗不到一張單子。」
聽完張文正解釋整個報關流程後，我終於明
白為何會用旅行社來比喻。

同行共組協力隊，齊心協力才能衝出好前景

一般港口通常只需要到港邊處理進出口業
務，但基隆港腹地狹小，因此民國六十年代，
另設置了內陸貨櫃集散站與五堵關。跑現場
的外勤人員，因此需要往來好幾個地點，才
能完成交辦任務，若是遇到船班重疊時難免
分身乏術，所以同行之間開始組協力隊，相
互幫忙。

民國七十三年，基隆港進出口貿易量達到高峰，晉升全世界第七大港。那時報關工作應接不暇，中午過後，跑外勤的人員便會在咖啡店聚集，分配提單。通常會有各自負責的區域，大家互相幫忙報關提貨，以提高工作效率。這樣的協力隊延續至今，不一定是公司之間的合作關係，更多是外勤人員自己挑選合得來的夥伴進行協作。

面對時代轉變，基隆港的周邊產業跟著萎縮，但影響報關產業的原因不只如此。貨量減少加上通關電子化，加上單據大多免驗，內勤的打單工作一個人便可完成。只是每張單的服務費仍是三十年前的價格，許多報關行只能漸漸縮編，但他們縮小的速度，根本趕不上大環境的萎縮。

時代變遷，報關產業面臨各種挑戰

「客戶進口一個貨櫃花費幾千幾百萬，貨物順利送到是最要緊的事。如果船公司延遲幾天，或是貨櫃場交貨晚了點，都會成本大增。報關的專業在於協助客戶能順利進出口，但客戶不這麼想，也不理解背後需要多少人去服務這張報單。」張文正無奈地感嘆。

時代在變，運貨的方式也大大不同，不只空運蓬勃發展，擠壓到報關業者的還有海運快遞。近年來，因為電商蓬勃發展，於是中國與台灣之間衍生出海運快遞這個特殊的產業。以前散貨是用雜貨櫃進口，需要繳稅，但透過海運快遞就不會被課稅，報關行也因此承攬不到業務。

「傳統進口商進口五百個杯子，量大要繳稅，但這幾年電商是集貨，進來五百個杯子，五百個都是不同名字的貨主，因此不用繳稅，連帶影響檢驗也變得困難。」張文正用簡單的說法讓我理解其中差異。

目前台灣在台中、高雄、金門與馬祖，都有海運快遞，雖然基隆還沒有開放，但報關產業仍然受到衝擊。其實早有海運快遞業者前來尋求合作，只是張文正全都拒絕，身為報關公會理事長，他覺得自己身負重任，必須保護同行業者，但面對這樣的局勢轉變，他也很難樂觀看待。

離開時，我更加留心附近街道還有哪些報關行，這個曾經是許多基隆人賴以維生的重要產業，不知道還有沒有年輕人投入？如同近年的旅行社，也同樣面臨旅客嚮往自由行，市場結構改變的狀況。如果時代變遷是必然，那麼如何展現專業價值、順應時代做出改變，或許才是挺過浪潮來襲的重要關鍵。⚓

青春盡付山城罾仔寮，正港的基隆西岸碼頭人
李定旺的海港記事

文章、訪談、紀錄／西打藍　攝影／林靜怡、鄭詩怡

比鄰基隆港口火車後站，有一座沿著山坡而建的聚落，罾仔寮。

我為採訪首次造訪此地。走上陡峭的斜坡不久，一台機車「叭——」呼嘯而過，我心裡大驚：「他怎麼有辦法騎上來？」若你和我一樣第一次走進這座山城小路，或許也同樣難以想像，罾仔寮居民在如此傾斜的陡坡上騎著機車如履平地。

罾仔寮鄰近西岸碼頭，過往碼頭工作者因地利之便，在這裡組成聚落。現年八十歲的李定旺，在罾仔寮出生，長大後便也在西岸碼頭工作，在這裡生活了一輩子，完整經歷了基隆碼頭的起起落落。

我在罾仔寮的信仰中心太平宮前，首次和李定旺碰面，他高掛著溫暖笑容，很熱情地和我們打招呼，接著邀請我們到家裡泡茶聊天，談起他和碼頭與港口的一點一滴。

體力活到技術活，來碼頭工作吧！

早年，碼頭工作多是體力活，只要肯吃苦，不需要專業技術就能做。隨著工作內容越來越專業，才開始有前期訓練。李定旺告訴我，民國四十五年，碼頭工會和港務局成立裝卸養成班，要來培養碼頭工作者，於是他讀了兩年中學後，轉而進入養成班學習。

「那邊讀書不用錢，早上會給我們牛奶喝，還有健素糖。這是希望我們體力好，以後去碼頭工作。」李定旺說起進入碼頭工作的契機。那麼，在養成班裡面會學到哪些東西呢？

「普通學校教的科目都有，比較特別的是碼頭工作需要的技能啦！像裝卸學、機械大意、航運大意，還有木工、鉗工等。我們在學校讀完兩年，接著就要去碼頭實習。」李定旺回憶起當年的實習，要一邊工作，一邊學習碼頭工人現場工作所需的技能。包含抬麵粉、駕駛推高機，前輩們還會教授拉吊網、拿鋼索、塞貨物、機具操作等技巧，也一起共同輪班。

結業以後，李定旺進入西岸碼頭工作，並很快地晉身為海上班班長，一當就是二十年。

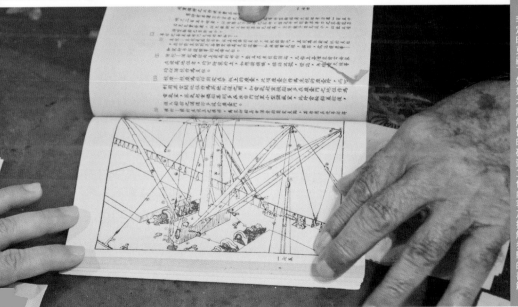

李定旺蒐藏了好幾本講解舊時碼頭工作內容及拆解步驟的書籍。

二十四小時全年無休的碼頭生活

在碼頭工作，並不像一般上班族，日升工作、日落休息，而是全年二十四小時不停運轉。只要有船出入港，碼頭就得開工。碼頭的分工除了李定旺入職的海上班之外，另外還有陸地班與雜貨班，一共三個班種。海上班人員需要上船，將貨物運下碼頭並整齊堆放；陸地班是把貨搬上船；雜工班則是在進出口貨物後，將貨品搬入倉庫內。三班人員分工整齊，讓碼頭工作井然有序。

每班的工人多來自同鄉招募，李定旺身為班長，平時不只要安排各班工人崗位，還要負責工人的薪資。李定旺說：「港務局會以每月貨物重量來計算薪資，錢統一分配給班長後，我們再分發給工人。」

碼頭工人為了有足夠體力工作，普遍不喜歡吃稀飯、麵食，而是更偏好有飽足感的白米，搭配著瓜仔肉、青菜下飯。在中午休息時間，多數工人會到碼頭外吃飯，有加班需求的時候，會特別準備大鍋飯菜給工人，稱之為「報飯」。

民國六十年代，港務局成立貨櫃專班，李定旺便轉調為貨櫃班長，負責在碼頭和貨櫃船之間，來回吊運貨物的工作。

「我們有分『好區』和『壞區』，好區是吊送貨櫃，一個小時就處理好貨；而壞區則是體力活，雜貨都要靠自己搬，但拿到的錢是一樣的。搬運的雜貨什麼都有，我還曾經搬過炸彈呢！」聽著李定旺分享的工作差異和趣聞，我好奇問道：那大家不會都選好區嗎？「這是輪班的，不能指定要去哪區工作。」李定旺解答我的疑問。

乾杯！來去碼頭周圍逛一圈

在碼頭興盛的年代，周邊各式小吃店、茶店、當鋪和金飾店生意極好。李定旺對當時的街頭生態相當了解，放假時也常和朋友們去不同店裡消費。

李定旺說：「我偶爾會和鄰居、其他碼頭人一起到小吃店吃東西，或去茶店喝喝小酒。」我對茶店的消費模式感到新奇，於是李定旺接著解釋，「裡面有賣酒也有賣茶，大家是去喝酒比較多，配著簡單幾盤炒菜下酒。如果要吃肉，會有小販背藤編來，一疊一疊兜售熟肉，這樣吃就很熱鬧。」我想像他口中形容的場景，可以感受到一股熱鬧的市井之氣。

我接著丟出更多疑問，那麼金飾店和當鋪呢？碼頭人一樣會去嗎？

「碼頭工人多，難免會參差不齊。有些愛賭博的工人，當發工資時往往會遇到債主來討錢，所以他們會去當鋪典當物品；當然也有勤儉的工人會存錢打金飾，少數中部人還

會在存夠錢後,回老家買塊土地。」李定旺分享他在碼頭上的所見所聞。

李定旺住在罾仔寮時,總是敞開大門,和鄰里聊天。偶爾出遠門,左右鄰居也會幫忙看照內外,這是山城獨有的守望相助。爬到罾仔寮高處,整座基隆港的海景及繁盛的市區景象盡收眼底。李定旺期待未來罾仔寮能發展觀光,和九份山城一樣熱鬧。我和他一樣,希望基隆各個地區都各有發展,能讓更多人認識基隆的美好。⚓

李定旺和許多碼頭工人一樣,都住在中山區的罾仔寮地區,每天爬著很長的階梯回家。

王進興過去任職的聯興東岸貨櫃場出入口。

看過歷史，經歷傲人，一路往上爬的貨運董事長
聯興物流王進興

文章／西打藍　攝影／林靜怡、鄭詩怡　訪談、紀錄／戴秀真

在海運行業，一般民眾多半只能看到表層的工作樣貌，例如船員、碼頭工作者、貨櫃司機，對於身處此行業的管理階層，是如何看待這一行？又如何做出決策？大眾往往不甚了解。於是我們希望能夠從主管階層的角度出發，用不同以往的視野，認識海運產業。

透過介紹，我們連繫上曾在招商局、陽明海運和聯興物流擔任重要職務，也曾任基隆市國際輪船公會理事長，出生於民國三十三年的王進興。

那天我們相約在基隆八斗子的餐廳，王進興身穿正式西裝，走近我們，帶著滿手資料，仔細認真地和我們分享這些年來的工作經歷。

一浪推一浪，曾經的招商局到今天的陽明海運

王進興從省立海洋學院（現為海洋大學）航運管理系畢業後，到基隆中油公司負責簽收油料的工作。油料簽收並不是簡單的事，王進興回憶道：「有一次在大年初一發生爆炸，燃燒油浮滿海面，我必須想辦法不讓油擴散出去，搞得全身烏漆墨黑，除了牙齒什麼都看不見。」面臨危險奮不顧身，正是如此拼命工作的態度，讓王進興很快獲得賞識。

工作兩年半後，一位招商局副理看見王進興的認真，於是挖角他進入招商局工作。王進興才得以發揮管理專長，負責處理申報船隻入港的業務。

「當時還沒解嚴，船舶進出港口都是由軍方管制，需要提前向港務局申報。」王進興說到此處，表示自己當時壓力非常大，半夜時常會驚醒，擔心有沒有漏送核准單，而影響船舶進港。

「剛開始工作時，不知道要用『特殊方式』打通關。直到有次我在等海關給封條時，久久等不到人來處理。這時報關的人提醒我，『要放錢』對方才有空來簽名。我這才知道他們的行規，當然後來就沒有啦。」王進興悄聲和我們說起印象深刻的「行業秘辛」。

王進興曾在招商局及陽明海運基隆分公司（現址為陽明海洋文化藝術館）工作，對此經歷引以為傲。

民國六十一年，因為複雜國際局勢的考量，招商局轉投資成立陽明海運，王進興很自然地進入陽明擔任主管一職，協助舉辦公益活動，拓展公司知名度與企業形象。工作以來，參與過許多重要事件，像是民國八十七年時，他身兼國際輪船公會理事長，當年台聯貨櫃發生重大罷工事件【註一】，佔據許多報紙頭條。罷工導致貨櫃無法出口，王進興花費大把力氣居中協調，才讓事態不再繼續惡化。

民國九十五年，王進興更是打破招商局與陽明百餘年來的慣例，首次招募女性船員上船工作。「現在已經是男女平等的時代了，船上男性能做的事情，女性也能做，甚至可能做得更好。」王進興出色的表現，於當年獲得升任稽核長的機會。

原本升職是一件好事，但是王進興卻搖搖頭苦笑說：「這份工作的水很深。」

做事容易，管人最難！稽核長甘苦談

我問，稽核長為什麼難當？是工作不簡單嗎？王進興回答：「人難管啊！」。

稽核部門流傳著一句名言：「查核是技術，結案是藝術。」稽核部的組成多是其他部門資深員工轉調，是特別難管的一群人。而稽核長的工作，需要分派同仁到各單位稽查，然而稽核同仁一到其他單位，總是容易和他人爭吵。

「有時同仁尚未回來報到，吵架的內容就先傳回來了。」王進興回憶這份艱難工作，

在他光鮮亮麗的職稱背後，有著難以言喻的辛苦。即使如此，王進興依然以圓融且深諳人心的管理方式與盡職的態度，做出了傑出表率，也深獲公司賞識。

王進興當了兩年半稽核長後，於民國九十八年接任駿明公司董事長兼總經理職務，並做好退休準備。想不到離開不久，就被聯興物流邀請擔任主管，整頓規劃新建設的中央貨櫃場。

注意！緊急事件處理專家

「早期物流供、需兩端都要保留實體倉庫，現在電腦化後，有需求時再算準時間請對方送貨，就不需要囤積在倉庫內。因此許多中間運送商完全沒有倉儲，有需要再發貨就好。」王進興說明物流一行變遷至今的常態。

「對公司主管而言，物流業最需要掌握什麼原則呢？」我接著詢問。

「我們要做最壞打算，誰也不能預測哪裡會被延遲，但交貨不能拖，一定要精算期程。我們會把運送時期加上各環節可能延誤的時間，成為和客戶約定的日期。」。

王進興接著舉出日常工作案例：「有一年，台灣松下的總經理打給我，有一台橋式機被船撞壞，壓到了兩個貨櫃，我就要趕緊找到對的人處理；還有報關公會理事長打電話來，

提到中央貨櫃最近出貨慢，我馬上打電話查問原因，才知道櫃場已滿，造成耽誤。我就是在處理各個方面的需求，盡我所能以最快的速度解決問題。」王進興在聯興物流任職這些年，協助處理多項難事。

他原打算於前年請辭，卻仍被挽留擔任顧問。公司為他保留一間辦公室，雖然不需要簽到簽退，甚至不用每天到公司辦公，王進興依舊日日到辦公室報到，可見他對工作責任的重視。

在海運業擔任高階主管，雖然常駐辦公室，不需在外奔波，工作卻不比第一線輕鬆。不但要對人對事保持敏銳觀察力，還要有當責態度。

結束訪問後，王進興更是不斷提供我們相關資料，補充訪談內容，從他仔細且積極協助的做事精神，讓我明白各間公司爭相邀請他擔任重職的原因。

【註一】台聯貨櫃罷工事件：民國八十七年，五堵的台聯貨櫃一百多名員工，因為資方不斷拓展外包模式，導致廠內工人不滿而集體罷工。⚓

即將沒入歷史的基隆理貨工作
專訪理貨公會理事長紀華捷

文章／西打藍　攝影／林靜怡、鄭詩怡　訪談、紀錄／林佳慧

在我的生活認知中，物流理貨是盡可能充分利用倉儲空間，整理商家的庫存，再將貨品寄到買家手中。物流理貨的工作多半不需要特殊證照，只要經過前期培訓，就能勝任。

而在船上，同樣有個行內稱之為「Tallyman」的「理貨員」職位。乍聽之下，似乎是和陸地上的物流理貨雷同，但實際上卻需要相當高的專業能力。想成為「Tallyman」，不僅需要年滿二十歲，還必須有高中日間部畢業的學歷，並經過嚴謹的實務訓練，才能踏進門檻。

我走進基隆市國際輪船理貨商業同業公會的辦公室，民國四十一年次的理事長紀華捷身穿西裝，打著黑色領帶，說起從小開始接觸的理貨一行：「父親、叔叔他們五個兄弟都在理貨業，我也一路做到現在。過去全盛時期全基隆有七、八百位理貨員，每天都有無數艘船來報到，是十分熱門的職業。」紀華捷不免遙想起當年場景盛況。

大船要入港，理貨員大動員！

當看到大船入港，理貨員們就要開始動身。紀華捷提到，貨櫃船公司，會委託相關業務給理貨公司，公司再分配工作給理貨員處理。而理貨員們的主要工作，是清點貨櫃船的貨物數量與品質，若有問題，就得主動追查原因。「我們在船進港前，就會先收到船的裝載圖，進港之後，理貨員上船清點貨品，看有無損毀、溢卸或短卸情況。如果更改貨品資料，要向海關報備等待核准，以重新卸貨。」紀華捷為我們詳細解釋理貨的各個步驟。

我為了理解理貨員的工作細節，接連詢問理貨員的數量、估算當日裝卸工人數量的技巧等複雜的問題，紀華捷都細心且耐心的回答。因為要準確裝卸，因此理貨員會需要聯絡裝卸公司，請他們調派機具與機械，所以理貨現場有他們公司的員工，以及裝卸公司的人員。

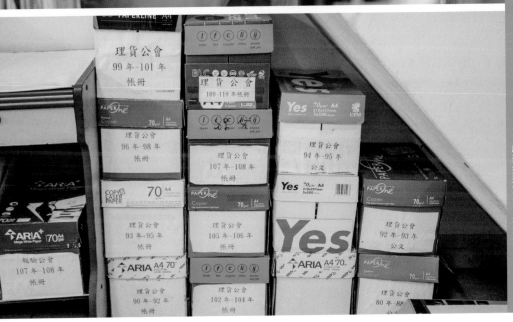

紀華捷理貨公司裡堆滿了各式文件。

基本上，一台橋式起重機需要搭配兩名理貨員，其中一名在指揮室以無線電指揮貨櫃裝卸，另一名理貨員則要確認是否確實吊到正確的貨櫃。「而裝卸人員的數量，就真的是要當天才知道了！」他笑笑的說。

從紀華捷的敘述中，我可以想像理貨過程集結了多少專業，爭分奪秒處理船公司龐大貨物。「工作途中時刻要注意安全，不太能開玩笑，執行業務時大家都是戰戰兢兢的。」

紀華捷也補充說明，忙碌高壓的環境常常影響到理貨員的身體健康：「碼頭二十四小時都要工作，港區到了晚上照明設備不足，為了確認貨櫃號碼，要拿手電筒照船艙底下，導致許多理貨員的視力都很差。況且時常熬夜趕工，也不能好好吃飯，下雨天拿便當邊做邊吃是我們的常態，所以很多人的肝和胃，都有長年下來的毛病。」紀華捷搖搖頭說著理貨員的職業傷害，讓我對這項職業有了全然不同的認識。

缺乏生力軍，老理貨員如何續航？

由於航港局與政策關係，至今已經有將近三十年沒有核發新的理貨證照，導致基隆港面臨缺工危機。現役理貨員的平均人數，大約落在八十五人左右，平均年齡甚至高達五十七歲，在在都衝擊到理貨業的存亡。

「高雄、台中是依照理貨公司業務量來核發證照，而基隆的理貨證照是屬於個人，所以基隆的理貨員可以自由接不同公司的案子。」聽紀華捷提到基隆理貨一行當前困境，我順著提問：「沒有證照，會導致什麼問題嗎？」

「現在基隆理貨員都要在不同船上跑來跑去，也因為能做的人太少，原本正常一組要兩個人，現在不得不減少為一人。基隆理貨員都很優秀、任勞任怨，但實在很辛苦。」紀華捷語氣凝重的說。

在高壓工作情況下，理貨員平均年齡逐年增高，體力、視力、反應能力勢必不如從前。若不慎在工作過程身體出問題，很可能會造成工安意外。這也是紀華捷最擔心的事情，卻也無能為力。

過去，紀華捷曾創立理貨公司，自己經營業務，而現在他則擔任理貨公會理事長，為的是爭取核發新的證照，協助統合理貨員的需求，讓操作環境與安全能更提升。

理貨員，這樣一份責任重大的職業，默默為基隆港付出，不僅耗費極大精神，也往往過度操勞自己的身體。聽完紀華捷介紹行業內的種種，讓我對理貨員肅然起敬，也期盼未來能優化工作環境，讓他們得到合理的保障。⚓

理貨人員會在起重機下方的調度
室中，與貨櫃調度員、貨櫃司機
及貨櫃公司協調作業。

王文賢經常出入的貨櫃場。

港邊貨物的把關者，貨車司機們的老大！
貨櫃車調度員王文賢

文章／西打藍　攝影／林靜怡、鄭詩怡　訪談、紀錄／林佳慧

每當我到基隆西岸，看見貨櫃車進進出出，我總是充滿好奇，它們裝載著什麼貨物？彼此又是如何運作與調派？開大車是不是很危險呢？為了尋獲解答，我們找到有近四十年調度貨櫃車經驗的王文賢，為我們進行大解密。

王文賢於民國五十二年出生，早年跑過雜貨船，後來經由朋友介紹，才成為正式的貨櫃及貨車調度人員。「我們是高工時、勞力密集的工作，平時定點待命，等到船一靠岸就要工作十二至二十四小時才會離港。沒船時就沒事，都是做一休一。」王文賢補充，不論晴雨日夜，現場車輛調度員都要把貨主的貨櫃安全無損且迅速的送達指定貨櫃場，或是送上船，是促進經濟貿易不可或缺的角色。

港邊的時差：與時間拼搏的工作

王文賢告訴我，每天上班前，他會加總前一日尚未處理完的貨櫃，以及今天預計要下的貨櫃數，來決定需要多少台車。例如今天共要處理兩百個貨櫃，就會需要十七台車左右。「剛入行時，要搞懂所有司機的車牌，

跟司機、貨櫃場、機具人員混熟，才比較好辦事。」王文賢補充到。

早上八點調度好車輛後，王文賢會到貨櫃場了解前一天未完成的工作內容，思考要如何安排貨櫃車。視情況決定是否先處理好進口貨櫃，再接著安排出口……我邊聽邊思考及提問：「要如何估算今天多久能完成工作呢？」「可以看船的貨櫃量來預估下班時間，舉例來說，如果今天的船有三百個貨櫃，橋式起重機一次可以吊兩個，每小時吊二十次，就能預估今天大概的工作時間——七個小時。」王文賢拿起手邊紙筆計算，迅速解答疑惑。

貨櫃裡，什麼貨品都有。王文賢所在的公司，曾經載送過捷運車廂，出動了五百噸吊車，運送過程中，還有警車在前面護送。「雖然當時的案子不是我負責的，但真是很讓人印象深刻！」王文賢說。

貨櫃司機及調度員的工時很不固定，王文賢提起：「像是昨天，雖然有上班，但是白天沒有船，一直都在家，實際工作時間在

凌晨一點到四點。我們這行很難談勞基法，休息跟上班時間太難區分啦。」他回憶，有時一天要工作十八個小時，但沒有船時，連休三天都發生過。王文賢的描述，突然讓我想起自己時常在三更半夜看到貨櫃車出入港區，這時我才理解，原來司機們必須日夜顛倒才能完成作業。

王文賢所在的公司，會根據加班地點，給予不同的加班費用。例如在辦公室趕作帳，是領 C 級費用；一半跑戶外，一半進辦公室，屬於 B 級；而像王文賢全天候待在外面，則是領最高的 A 級。調度員不只要到貨櫃場工作，還需要學會和海關打交道，協助司機處理遇到的糾紛。這一職業不單單要處理貨櫃，還要解決不少人的問題。

疑難雜症排除專家！貨櫃車調度員不簡單

王文賢平常的工作模式，需要保持高機動性，哪邊需要他，就得趕往哪邊去。他說：「在港口工作，最討厭的就是又溼又冷的天氣，在船邊穿雨衣、雨鞋，進辦公室就要脫掉，穿穿脫脫很麻煩。」因此他最不喜歡的就是下雨天。有時，當公司的貨櫃司機與其他車子發生碰撞，會需要找港警做筆錄，王文賢必須親自瞭解情況，再向公司回報。

此外，若是司機沒有準時將貨櫃載到指定的貨櫃廠，王文賢就需要寫切結書，留下車牌、身分證、起迄站時間和逾時原因。「海

01

關會來檢查貨櫃封條是否完整、貨櫃重量是否與資料一致？也會詢問逾時原因是什麼？一旦貨物有問題，警察就來了。但很少遇到啦，我們都很奉公守法。但聽說專業集團會仿造完全一模一樣的貨櫃，櫃號、封條、重量都一樣，這不是一般人可以簡單做到的。」王文賢分享。

我接著問出好奇已久的問題：「大家都說貨櫃車司機薪水不錯，那專業的貨櫃司機，一個月薪水會是多少啊？」王文賢回覆道：「司機的底薪加上安全獎金、績效獎金，一個月大概領六至八萬，勤勞點可以領到十幾萬。有些司機下班後，還會去跑其他船的貨賺錢，這就不歸我管了，哈！」他笑笑的說，資深司機有句名言：「櫃子再怎麼長、再怎

02

03

04

麼寬、再怎麼高、再怎麼重,我都不怕,我只怕公司給我的運費不夠。」

　　科技的發展帶來許多方便,也為貨櫃司機及調度員解決很多問題。例如:GPS 可以定位船的位置,王文賢不需要像從前時刻在碼頭等待。王文賢邊說邊拿起手機的通訊軟體,分享他在上面統整今天要上工的車牌號碼,也方便同時對照手邊的「基隆港貨櫃場進出口櫃統計表」。

　　王文賢其實已經到了退休的年紀,他很希望有更多時間陪伴家人出遊:「我這輩子最討厭的,就是無法見紅就休,每次全家出去玩,就只有我要上班。」王文賢平常喜歡吃基隆廟口的排骨、雞腿飯以及螃蟹羹;偶爾會到西岸的佛手洞拜拜,或載著太太到宜蘭、龍潭、大溪旅遊。相信他將來的退休生活,脫離貨櫃司機及貨櫃車調度員的奔波忙碌,會更多彩多姿、充滿驚喜。⚓

01. 王文賢(右)與他的工作夥伴。02. 貨車調度人員要負責安排每一位卡車司機的貨物。03. 橋式起重機上的操作人員。04. 貨櫃司機經常出入的西岸北櫃場。

基隆港碼頭機具扛霸子的養成之路大解密
橋式起重機的守護者吳志宏

採訪／施博文、西打藍　攝影／林靜怡、鄭詩怡　撰寫／施博文　紀錄／林佳慧

我要成為貨櫃碼頭扛霸子！

　　四十出頭的吳志宏，在這次訪問的碼頭職人當中，算是年輕一輩，但他的港邊資歷也將近二十年。從小在碇內博愛新村長大，除了旁邊是東暖新村港務局宿舍，及影劇新城的海軍宿舍外，他的父親本身也在航運界工作，對於船舶及港口存在著豐厚的感情。

　　吳志宏本科是電機工程，又對大型機械有濃厚興趣，退伍後正好聯興裝卸在招募碼頭機具的電機技術員，即參加面試通過，開啟碼頭職涯人生。他回想當初一進入碼頭看到這些裝卸設備，心中有如熱血漫畫般，興奮得許下願望：「我要成為貨櫃碼頭的扛霸子！」。

　　碼頭上的設備幾乎都是特殊機具，在台灣沒有相關科系的人才養成，剛入行一切等於是從零開始，因此碼頭的機器，從上到下，從新到舊，都是他的管轄範圍。舊機器方面，不管是操作還是維護，完全是老師傅手

把手帶著新人做，利用工作實務傳承經驗。吳志宏在二〇〇五年進入碼頭，除了機務外還身兼工務，因此除了橋式起重機、門式起重機、堆高機及跨載機【詳見插圖】等重機具的操作及維修都要熟練外，連照明、變電箱、網路通訊等也要懂個七八分，簡直是個快速累積經驗值的修煉場。另外，當時基隆港正好進入民營化的高速發展期，許多老舊機具面臨汰換期，除了學習舊的機器，同時也要規劃設計新的機器，而這又是一個全新的領域。

監製新式橋式起重機的重要人物

　　橋式起重機的造價驚人，對裝卸公司來說，採購這種大型機具絕對是大事，而大事就會落在想要成為碼頭扛霸子的吳志宏身上。橋式機本身是完全的客製化商品，必須依據碼頭所在地的原始設計營運量、乘載重量、服務的船隻大小，來設計橋式機的大小、重量與作業速度。在台灣還有颱風跟地震因素需考量。因此，投資報酬率的設定成了一大考驗。

吳志宏的工作主要負責貨櫃機具的設計與製造作業。

為了採購橋式起重機，吳志宏把相關的電機、機械、土木、運輸、環境工程與財務規劃等專業都摸過一遍。在二〇一一年和團隊完成設計及招標後，遠赴上海監造將近一年，兩台新型橋式起重機才能在基隆港上岸，並且成為當時基隆港裝卸速度最快的橋式起重機。它的最大吊載重量五十公噸，吊臂可延伸五十公尺半。這個規格，能使東岸碼頭具有裝載八千TEU（標準貨櫃）【註一】大型貨櫃船的作業能力，並可同時吊掛兩只貨櫃，加快作業速度。碼頭能增加這樣的得力助手，不只高層滿意，對吳志宏來說也是一大成就。

不祥的 112 號，橋式機倒塌事件

兩台新橋式起重機分別命名「11-1」及「11-2」，在東 11 碼頭完成安裝測試，經歷一個多月的文件申請，即取得使用許可，順利加入營運，之後他所帶領的團隊也陸續更新其他的橋式機，統一為相同形式，方便後勤維護管理，現在聯興的碼頭上，所有橋式機都是清一色藍色塗裝，跟西岸的五顏六色塗裝，形成強烈對比。

然而，不管再怎麼小心，意外還是會發生。二〇〇八年一月八日晚上七點十五分，看似又一個平順的日常結束，吳志宏正在開會，忽然聽到一聲巨響，整個地板隨之震動，會議室裡的人不知道發生什麼事情，還以為是打仗了。沒想到探頭一看，竟然是德國籍「梅爾斯」貨櫃輪泊靠基隆港東碼頭時，不慎撞上 11-2，把它撞倒了！而且直接倒在他們面前，讓人不知所措。

11-2 原始設計可以抵擋八級地震跟十七級的強風，但工作人員萬萬都沒想到，它最後竟然是被一艘船正面擊倒，但也因為結構夠強，11-2 沒有在倒塌後散出零件傷人，只造成一人輕傷，果然是連倒下都很爭氣！吳志宏提到，如果換成其他起重機，鋼板只有 11-2 的三分之二左右，整台會扭成一堆廢鐵。「這或許就算種福報吧！」吳志宏說，此外，他又幽幽地補上：「其實它當初不應該叫 112 的，港口跟海軍有個慣例就是，船舶設備的數字加起來不要是四，尾數不能是四，結果它真的就……」。

橋式機倒塌後隨即啟動緊急程序。第一是先救人。第二是全場封鎖調查，評估善後與保險理賠的程序。第三則是因為倒下的位置在東 11 和 10 號碼頭，聯興的四座碼頭只剩東 8 及東 9 碼頭可以使用，根本無法負荷這麼大的營運量，因此協調船位停靠到西岸。第四，起重機倒塌時，連帶壓壞了一百多個貨櫃，其中貨物損壞狀況不同，都要逐一釐清、進行公證。第五才是最後的步驟，拆除起重機。因為它是非預期倒下，隨時會再坍塌，而且不能確定坍塌的方向，事前要做好防護及支撐確保，再一段段的拆解。「我看著那個起重機，從文字變成設計圖，變成實體運回來台灣，再看著它倒掉，看著它被宰

掉。它是我的小孩，倒下來的時候蠻難過的……很難過。」事隔多年，吳志宏看似平靜說出這段讓人心酸的話。

那麼高，你敢嗎？碼頭幕後人員的甘苦談

吳志宏從訪問的開頭到結束，一直說很感謝這次的採訪，可以讓外界看見碼頭後勤技術人員的辛苦。維修橋式起重機的先決條件就是不能怕高，不管是吳志宏本人或是他成為主管後面試新人，第一件事就是把人帶到起重機上「試試看高度」。因為橋式機保養跟維護的地方平均高度約十八層樓高，層板是格柵板，可以看到地面。大概三分之一的人，坐電梯上去之後，不敢出電梯口，三分之一的人不敢走到前大樑，光是這兩個關卡，就刷掉三分之二人選，然後才是進入專業的考核。

他覺得自己很幸運，是最後的三分之一。進入碼頭工作後，還要不斷吸收新知，了解新式裝卸設備的技術，每年到新加坡參加技術研討會。台灣的港機技術人員不多，雖然在不同公司，但彼此會相互支援、共享技術，以碼頭營運安全順暢為優先。如果碼頭是個舞台，技術人員就是幕後的人物，他們勤勞地確保整場表演順利演出，卻很容易被忽略。

碼頭的機具縱然再先進，職場上的文化還是很傳統，工作環境跟強度也相對辛苦，新進人員留下來的不到一半，收入也沒比較好，如果沒有熱情，其實很難繼續做下去。不過吳志宏認為，選辛苦的工作會走得比較長久，雖然離開聯興到新的公司發展，他還是很感謝老東家所栽培和提攜的一切。⚓

【註一】標準貨櫃：二十呎標準標貨櫃，簡稱 TEU（Twenty-foot Equivalent Unit），為當今貨櫃市場上，最常用的貨櫃尺寸。另外還有四十呎標準貨櫃，簡稱 FEU（Forty-foot Equivalent Unit）。

橋式貨櫃起重機

軌道式門型貨櫃起重機

輪胎式門型貨櫃起重機

空櫃推高機

管過消失的碼頭穀倉，更知道基隆的鉅變
一生為基隆西岸付出洪順發

文章／西打藍　攝影／林靜怡、鄭詩怡　訪談、紀錄／林佳慧

我在基隆住了一輩子，卻從未走入此次的採訪地點，也就是隱藏於基隆西岸碼頭山上的「高遠新村」。

對比位於市區、多數基隆人都知道的「罾仔寮」，高遠新村距離市中心較遠，但沿途街上瀰漫著桂花清香，還可遠眺中正公園的觀音神像與基隆港，是個相當適合體驗自然，卻罕為人知的地區。也許更少人知曉，這裡同時是過往許多港務局職員的居住地。

今年七十四歲，現職高遠新村和平社區發展協會的理事長洪順發，是村里無人不知的大家長。不少人以為他是在地的基隆人，實際上，他來自遠方的屏東萬丹鄉。經歷激烈大學聯考，洪順發錄取海洋大學航管系夜間部。最終通過特考進入港務局工作，開啟和基隆一輩子的緊密牽絆。

萬丹來的小伙子，是整個村裡的驕傲

初次見面，我就對洪順發的親切印象深刻。他領著我參觀社區，堅持要我採訪後留下來吃午飯，並邀請我到辦公室泡茶，在茶香圍繞中，自然地說起自己的故事。

「小時候住在鄉下，要在大太陽底下挑水肥，種田種了好一陣子，農村工作真的很辛苦！那時才知道自己為什麼要努力讀書，後來考上全村只有兩人錄取的屏東中學，我們村裡還放鞭炮慶祝呢！」洪順發體驗過務農的艱辛，很早就知道讀書的重要。他考上大學後，也沒有停下腳步，一面半工半讀，一面積極準備港務局的考試。

「當時社會的觀念認為讀夜間部是次等生，但是我認為自己能力不輸其他人。我在民國六十四年順利考上港務局的穀倉單位，後來還任職管理員，當年夜間部的班上只有我一個人考上，後來民國八十九年又從海洋大學航管所碩士畢業。」從洪順發的分享中，處處能感受到他的堅毅與認真。

若不是在碼頭工作的人，幾乎沒有看過穀倉，更不知道穀倉裡的工作是什麼情況，於是洪順發為我從頭解說。

女孩子也來上工！穀倉裡的大小事

洪順發負責的穀倉裡，有個高達十一層樓的圓倉桶，用來存放玉米、麥子或雜糧等散裝穀物。當時多是從美國、澳洲載送小麥到台灣，一艘船一次可以載一萬兩千噸，通通運到這裡處理。

「穀物出倉時，有分裝麻布袋、裝卡車、裝火車，三種程序。穀物過磅後，會流到一個漏斗管，女工便拿著袋接，我們稱這些女工隊為絞包班。他們的工作是以量計價，搬了多少噸就算多少錢。」洪順發向我們分享穀倉裡的作業景象，也提到當年不只有男生，也有不少女工一起工作。

穀倉管理員怎麼度過一日的工作時間？洪順發負責巡倉與管理業務，需要二十四小時日夜輪班。他提到：「通常晚上的主要工作是進倉，船班來的話，就要有人看著，看吸穀機運作是否順利？輸送帶、斗昇機有沒有問題？貨物有無送到正確穀倉？通常白天就會提完貨，偶爾遇到趕工才會做夜工。」管理員的工作穩紮穩打，以維持港邊進出口貿易的進行。

穀倉裡危險時刻伴隨！生死關頭走一遭

乍聽之下，管理員多半執行檢查、確認的項目，風險不大，但洪順發卻告訴我們，在穀倉裡工作，各式機具運轉不停，上噸重的

貨物在周遭不斷運送著，只要稍不留神，其實很容易就會讓自己遇到危險。像是有一次在巡邏過程，他曾遇到命懸一線的事件。

「有一次巡邏麥子進倉的倉筒時，電梯不曉得為什麼下不來，於是我探頭進電梯間窗戶查看，結果電梯配重從下往上而來，我閃躲時被上方掉下來的轎廂打到，鼻子被壓壞，鼻血直流，牙齒也斷掉好幾根，在海軍醫院躺了整整十五天。」即使是四五十年前發生的事，洪順發回想起來仍不寒而慄。

在穀倉擔任管理員一段時間後，洪順發被調派到第一貨櫃中心，隨著資歷加深，職務也隨著職位不斷更替，由管理員、股長、副主任，到民國八十四年升上材料配件庫的主任，在那足足服務了八年，這是唯一離開棧埠處的時間，然後再度重返第一貨櫃場當主任，接著轉任搬運課長，至此到退休都沒有離開過棧埠處。一直到五十九歲那年，他突然在工作中發生心肌梗塞，才在民國一〇一年，藉著港務公司成立之時，申請退休。

洪順發退休後，想要回饋自己待了大半輩子的社區，於是擔任和平社區發展協會理事長，和身為里長的太太張和妹，一同經營高遠新村。

「高遠新村並沒有太多經費，從請怪手來整頓公園的經費，到花圃、遊樂器材的整理，都是我們自己支出。我和太太正積極爭取修

建日式老屋、步道與燈塔。希望促進觀光的同時，能和更多人共享這座美麗社區，這是我們的心願。」洪順發與太太積極經營社區，希望更多人認識他們鍾愛的家鄉。

洪順發夫婦為了照顧鄰里，時常自掏腰包，和社區鄰里一同用餐。

在採訪結束前，我走進洪順發一手整理的公園，他每天早上起床，第一件事就是到這裡澆花，細心照護每一株植栽。他相信當社區環境越來越好，就會有更多人願意來觀光，也讓多年街坊擁有舒服的環境，以拉近鄰里關係與感情。

最讓我念念不忘的，是洪順發親手打造的樹屋。在採訪當天，已經能看見樹屋的骨架，我們一起聊著該如何佈置。期待下一次再拜訪高遠新村時，能看見已經完工的小樹屋，聽著洪順發和我分享妝點它的一點一滴。⚓

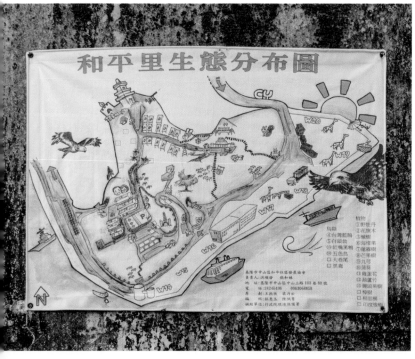

高遠新村的社區營造地圖中，除了有生態的分佈外，還看得到港口的樣貌。

船舶補給哪裡找？找交辦店就對了！
港邊挑貨高手駿風企業藺全生

文章、採訪／施博文　攝影／林靜怡、鄭詩怡　紀錄／林佳慧

高板店？交辦店？你到底是什麼店啦？

在幾年前第一次聽到「高板店」這個名詞，不知道是什麼店面，也不清楚跟基隆港有什麼關係，後來又聽到「交辦店」一詞，查了網路才知道船舶日用品供應商。他們主要供應船上的五金用品跟食材，所以根本沒有店面，一般人也找不到。交辦店這個稱呼，聽說是早年江浙老船員叫的，傳到台灣後沿用，我猜是戰後大量山東人來到基隆，聽到台灣話的交辦店講法，一時無法翻譯過來而直接音譯成高板店，兩種叫法也就一起流傳下來了。

據家裡也經營交辦店事務的曹銘宗老師說，基隆早期交辦店牌照很少，後來才開放新的競爭者進入市場，這段歷史也許待之後有機會再探索。而我們今天拜訪的，是實務上經驗豐富的交辦店老手，駿風企業藺全生先生。

實習生大翻身，人緣超好的創業成功路途

藺全生出生在河南，五、六歲時隨著在空軍的父親從上海撤退來台，一路輾轉台灣各地，後來父親調到仙洞的空軍運輸站，全家才算安頓下來。藺全生基隆海事畢業後又考上海洋學院（現海洋大學）輪機系，在朋友介紹下進入中興輪船公司基隆辦事處半工半讀，從事船務工作。藺全生因為為人爽快，又廣結善緣，很快的認識各個公部門及相關單位長官，做起事來事半功倍、得心應手，頗得老闆賞識。

也因為人面夠廣，一些朋友或是船東們跑單幫，有時數量太多，被海關攔下，都請藺全生協助報關，他都完全義務幫忙，沒收半毛錢，只收了一件風衣跟領帶當回禮。船東們很感謝藺全生每次幫忙跑單幫報關，就要他在一九七四年開立船舶日用品供應商——駿風企業，提供船舶用品給中興輪船與其他船公司，而且讓藺全生對外做生意外，還繼續留在公司兼職，藺太太，時美蘭，則幫忙文書及叫貨的工作。

一本商品型錄包辦的買賣

船用品供應商是特許行業，當時申請後要核准才能執業，但藺全生因為人緣好，很順利就開業。藺全生說，交辦店賣的東西，

老字號的駿風企業招牌用了超過三十年，陪伴他們走過基隆港生意的起起落落。

交辦店過去跟船員溝通
的目錄本。裡頭以英文
為主，有上千樣商品供
船員挑選。

各式各樣都有，甲板用品是大副申請，輪機
用品是大管輪提出，還有伙食是伙委負責。
時美蘭從房間翻出一本厚厚的書，書名是
《SHIP STORES CATALOGUE（最新船用
司多供應申請指南）》【註一】，說這本書
是國外原文書，要上萬元。

　　那本書非常精彩，從內頁到外觀都深具時
代感，就像古時船上的 IKEA 型錄。翻開商
品型錄頁面，照片很大張，方便顧客挑選；
頁面上商品種類繁多，從船用螺絲到打掃用
品都有，旁邊還有貨號，包君清楚閱讀。

　　當顧客確定商品後，交辦店會像百貨行一
樣，幫顧客備好型錄上的商品，只是客戶先
在船上挑選。

使命必達的找貨專家

　　交辦店就是使命必達的找貨專家。時美蘭
說有次某艘船的船東就是要型錄上的掃把，

不能用替代的，逼得他們只好去找一模一樣
的掃把。因此，只要船東要的規格品項，交
辦店就是要想辦法找到，所以也要認識很多
供貨商，才能滿足不同船東的各種需求。

　　過往船公司下訂單後，貨品要先請報關行
報關，再用機動三輪車，載到西 16 碼頭或
是東 4 碼頭的港警派出所，申請進入碼頭。
如果有危險品，還要到流浪頭【註二】的消
防隊辦手續，申請下來的單據，要交給港警
查驗過，才進得去。

　　船如果是靠碼頭，貨少的話可以請三輪車
載，車伕會順便把貨物搬到船上，蘭先生說，
這可是算鐘點費的，常常一早到船邊搬貨，
非得拖到傍晚才搬完，一天下來，幾位工人
的勞力付出，公司要付出七八千元的工資，
是筆大支出；貨物多的話，花兩千元請一台
卡車就搞定，不過要親自或請工人搬上船到
定位，就算物品再大，他們照搬無誤。但也
因此蘭全生和弟弟兩個人腰都有傷。

在巨型商船還沒出現的年代，基隆港內還有三座浮筒，供載運原木的貨船繫留，要幫繫留在浮筒或是外港的船補給，就必須從小艇碼頭搭汽艇到船邊，海關人員也要隨船押貨驗放，防止走私，爬繩梯把貨送上船去，一沒踩好，人還會掉到海裡；現在浮筒泊位早因為商船大型化，港內需要迴船空間而移除註銷，船舶繫留在港中的景象不再。

開業初期都是做散裝船的補給，後來漸漸改成貨櫃船，藺全生說貨櫃船船舷有小吊臂可以吊掛日用品上船，他們自己要準備吊網，把貨品吊上船。時美蘭說：「點收人員跟申請人員是大副跟大管輪（船舶需用物品申請驗放作業要點規定），如果遇到會挑剔的人就好辛苦，除了一直退換貨，有的是故意刁難，可能是要送禮，自己要開點竅。」

環境競爭，人情味漸淡

駿風成立初期，客戶都是靠人情關係接單，船東跟誰關係好就給誰做，不過交情的建立也不是那麼簡單，只要國外船東老闆來台灣，藺全生都會親自接送、搬行李、陪打高爾夫球，自然會給他生意。

後來船公司因成本考量，改開標案居多，標單上會列需求清單，給各交辦店報價，品項少則百樣、多則上千樣，有時候遇到新船開工，就整條船的用品都要提供，藺全生說：「有做過一單是一次十艘陽明的新船用品的

採購，搞死了！」時美蘭也附和著講：「訂單的處理很繁雜，開始用電腦之後也要跟著學，好辛苦的。」陽明搬到七堵後，總公司的年輕人都是開標案、信一路分公司的資深員工則是要交情好才有單子，凸顯出老一輩人重交情、而年輕人比較公正有效率。

時美蘭說，十多年前生意還不錯，但這幾年他們逐漸轉做藥品生意。「藥品生意很專業啊！船上的藥和一般陸地藥物不大一樣，都要有 WHO 認證，不是普通藥局的東西。因此我們倉庫管理和進貨能力等，都要跟著時代轉變，很辛苦的！」面對歷史的變動，駿風企業不認輸，雖然許多交辦店已不見，但駿風依舊秉持著仔細辦事的精神，做現代船員最堅強的後盾，補給生活所需要的事務。

藺先生已高齡八十歲，太太也七十多歲了，在基隆港討生活超過半世紀，夫妻倆現在每天在東 8 碼頭旁的住家附近健走，公司也早已交給兒子打理，自嘲現在最常去的地方是醫院，不過聽到他老人家爽朗的笑聲，身子應該還很健康。⚓

【註一】司多，store，雜貨的意思

【註二】大約是中華路、復旦路至中山三路這一區。

01. 台正船務的周福全（左）與黃瑄（右）。02. 船務理事長楊吉利。

世界級的地方保母

船隻最信賴的基隆船務代理公司

文章、攝影／廖芷瑩　採訪、紀錄／施博文、廖芷瑩

船隻的外國在地保母

訪問時經常走訪基隆港，看見港邊的大小船隻，我不免感到疑惑，各國的大船一一駛進港後，第一個會知道的是誰呢？

我把這個問題，拿去問陸地上生活的人們，幾乎沒人能夠回答。然而，在港邊生活許久的基隆人，悠悠的告訴我：「當然是船務代理行啊！」尤其老基隆人，甚至會再追問你，船是哪個類別？順便充當報馬仔，在你面前評價起可能的船務公司，希望你再次光臨此地時，能有個更美好的城市體驗。

誒？城市體驗跟船務代理有什麼關聯？

當然有！船員們從遙遠的國度，經過陌生的海洋，抵達台灣時，第一個接觸的就是船務代理，他們可是身負重任，必須要替外國船隻安排引水人、碼頭與貨物補給，讓船隻能夠補水、補油、購買必要物資。踏上台灣土地前，代理行也要跟政府先報告船隻進來的目的及檢疫情形，還有最重要的卸貨需求。

簡單來說，船務代理其實就是雄偉船隊們的在地保母。說保母真的不為過，畢竟他們進入台灣海域以前，代理商就會不分晝夜的，為你全部「傳便便」。現任船務公會理事長（同時也是吉盛船務代理公司的負責人），一九五三年出生、從事船務工作超過四十年的楊吉利說：「做我們這行，就是什麼都要了解，因為船長來，就是依賴你！」

為了瞭解這個少為世人所知的行業，我們這次拜訪了兩個單位，三位受訪者，分別是基隆船務代理公會理事長楊吉利，以及台正船務公司的周福全及黃瑄，幫大家解答疑惑。

船隻和碼頭有誤解，靠船務代理就對了！

代理行是全世界街頭巷尾都可能出現的商家，但楊吉利提醒我，船務代理和總代理不同。總代理負責拓展業務，而港邊的船務代理，則是總代理下方處理在地事件的工作人員。這些機動性極高、反應超靈敏的工作者，會在得知船隻要進港時，跟航港局申請業務登記，以及收取船上證明給政府機

關，並報告相關事項，以及安排卸貨等相關作業。

台正船務的周福全和黃瑄受訪時，搬出過往使用的機器、通訊設備，還有大大小小的舊物件，耐心的跟我們講解道，過往的船務代理在沒有電子郵件時，作業非常繁複。看著老舊的機器，我真的很難想像，在那個通訊不發達的年代，船務代理們到底要熬夜多久？又要如何膽戰心驚的度過海象不好的時刻？

雖然船隻比人更守秩序，但還是有意外的時刻。周福全提到，在他的印象中，最多碰到五艘代理船一次進來，那時真是忙到焦頭爛額，以前需要人員幫忙上船檢查船隻、遞交文件，入港過程極度仰賴人工處理，「民國六十幾年的時候，經濟好，船隻多，但碼頭不夠用。像是中東航線的貨物就需要在外面等好幾天，但他們會排隊啦！」聽到這，我鬆了一口氣，還好船隻們非常守規矩，否則港口大亂，台灣該怎麼辦才好？

做善事的心，繼續走下去！

船隻會守規矩，但天氣不會啊。

不論是哪家船務代理都提到，「緊急情況」是每個做港邊船務代理，一定會碰過的事情。我聽得一頭霧水，連忙問起他們過往的經驗。黃瑄說，他雖然才入行十年，年紀還輕，但

過去就曾經碰過一位巴基斯坦的二管輪，突然在船上胸痛，船務代理立刻派直升機或小艇，把人救回陸地，緊急做心臟支架。

如此驚險的場景，也在從事代理業超過四十年的楊吉利身上發生過。他說：「有時就算船沒有入港，但只要是我們代理，還是要負責到底。像是之前有艘船走東岸，在台東外海時遭遇大浪，大副和管輪沒站穩，跌倒在夾板上，頭部受創，一死一重傷。」我大聲驚呼問該怎麼辦？「那就只好我連夜請直升機先去載傷者，再派人直接坐車到可以檢疫的花蓮港，接大體及通知家屬。後來才知道，台灣唯一可以運送大體出國的機場，只有桃園國際機場，所以我們就將遺體送過去，才讓他安穩回到印尼。」楊理事長說，這次事件，足足花了他一兩個禮拜的時間，才得以結案。

除此之外，楊吉利碰過希臘籍的船長在基隆外海中風，當時緊急派船接送，才撿回一命。後來家屬飛到台灣接船長，都非常感謝船務代理公司。楊理事長感嘆地提到，船務代理做到最後，就是要抱著感恩的心，才能繼續前行，因為海上有太多我們無法預知的事務，船務代理就是要關照這些無法預測的一切。

成為世界各地船員的好朋友

除了驚險的事情外，總有好玩的吧？楊吉利說，當然有，「我有很多世界各地的好朋

友啊！」他說年輕時從報關業轉到代理行，到後來自己創業，就是想挑戰更多有趣的事，也包括用英語對話，認識形形色色的人們。

他說以前碰到外國船員行程較寬鬆時，會帶他們品嚐喝基隆小吃，也會跟他們去酒吧。「剛開始，有位船長要求要九點吃晚餐。我趕緊回覆，這裡的小吃店可能晚上七點就關了，他們才趕快下船找吃的。」認識文化差異後，楊吉利碰到越來越多國籍的船員，甚至帶他們體驗基隆七月的大普渡，跟外國人講解台灣文化。「他們都覺得超有趣的！」

「後來他們到基隆時，都會打電話給我：『Hey, Mr. Yang!』」楊吉利說，不論有沒有空，跟他們通個電話，或者見個面，都是此生難得的機會，因為年輕時從未想到，自己踏入這行後，人生的視野可以變得如此遼闊。這些經歷，都是船務代理意外的收穫。

關愛基隆大山大海的代理行

因為常在基隆各個碼頭走跳，甚至帶外國人到處晃晃，船務代理對於基隆港的變遷，簡直是如數家珍。像是入行超過三十年的周福全，在受訪中談起碼頭時，他說：「基隆碼頭改變很大，以前的樣子都改掉了。像是西岸 2 號到 4 號碼頭，以前都有負責吊貨上樓的小起重機，但隨著物件變大，就淘汰了；東 2 跟東 4 原本是倉庫跟空地；西 16 到西 18，雜貨碼頭改成貨櫃；西 27 號的倉庫改停

砂石船；29 號雜貨船、30 號穀倉、32 號煤船碼頭……」。看著他細數基隆港的改變時，我也開始自己腦補眼前的舊時代景象，彷彿看見歷史的發生。

在一旁較年輕的黃瑄也補充，「像是公司面前的東 2 到東 4，也是近年才改成客輪可以下船的模樣。」我們往外一看，他指的是基隆最近發展郵輪所蓋起的平台，上頭有綠樹、草皮，以及外觀白漆塗到發亮的觀景平台。

基隆不斷在變化，就如同楊吉利和周福全共同提到的，過去基隆田寮河上有木頭排列，小時候他們總在河裡玩耍。雖然小孩偶爾會因為意外跌入港中，但對於他們的童年而言，還是非常有趣的場所。「只是現在都填掉了，要不然基隆應該是如同威尼斯的地方」楊吉利補充。

威尼斯啊！很少人這樣講過基隆。然而，對於老基隆人而言，也許他們印象中繁榮的故鄉，就是華美的水都。尤其是看過世界千變萬化的船務代理工作者們，他們更是基隆航港產業的中流砥柱，還有這個都市改變最好的見證者。⚓

港都生活

在基隆港區，還有一群日用生活包含食衣住行等各行業的服務提供者，默默支持航港職人，作為他們生活裡最堅強的後盾。

廣東汕頭咖哩是碼頭工人此生難忘的小吃；港西街附近的黑輪仔伯則是基隆港人打拚的回憶；航員下船會去湖南小館聚餐；長腳麵店幾十年來成了港邊工作者的回憶；暫仔寮的蘭屋雜貨店過去幾十年，曾經陪伴無數港邊工作者走過他們的人生；楊榮昌的富順委託行，是許多老基隆人接觸舶來品的起點；羽豐成衣製作了上百件船員衣物，確保海上工作者們每日的舒適與安全；而海港大樓地下室的理髮廳，雖然默默無名，卻為成千上萬海港工作者整理過容貌，讓他們繼續在行業裡風風光光。

港都生活百景，他們既見證了基隆港與職人生涯的起落，同時也與在地居民的生命記憶緊密相依，共同打造基隆這座海港城市。

文章／鄭詩怡　攝影／林靜怡、鄭詩怡　訪談／田美子　紀錄／林佳慧

當沙茶流浪到基隆後遇到咖哩，
誕生最道地的美食
傳三代的廣東汕頭咖哩

　　基隆港曾經有一條臨港線鐵路，沿著西岸的碼頭一路向外港延伸，乘載了基隆港、甚至全台灣進出口貿易的重要任務。這一條鐵路也是我回家的路，出了火車站沿著鐵軌路徑便可到家，不過鐵軌二〇〇〇年後陸續拆除了，現在人到基隆，完全看不見它的軌跡。

　　這一天，我從車站出發前往拜訪位於「流籠頭」的「廣東汕頭牛肉店」，沿著中山一路前行時，不知為何想起這段過去，大概是因為對這一帶太熟悉的緣故吧。「流籠頭」是臨港線最大的平交道路口，繼續前行中華路有台肥支線，末端就是我家，「廣東汕頭牛肉店」則

位於右轉復旦路這一側，靠近昔日火車汽車同行的復興隧道口前。

　　過去內木山開採煤炭會用吊繩纜車運送至此，此地因此被稱為「流籠頭」，而台語「流籠」與「流浪」同音，以訛傳訛久了才成為大家口中的「流浪頭」，

01. 中午十一點多，廣東汕頭牛肉店已高朋滿座。02. 工作人員端著菜，穿梭於眾多客人之間。

雖然是個美麗的誤會，但在隨國民政府遷台的老兵們心中，或許這正是他們流浪至此的心聲吧。

西岸碼頭邊的美食，是碼頭工人與在地的最佳舌尖享受

「流籠頭」曾是西岸碼頭邊最熱鬧的集散地，除了沙茶咖哩，還有米粉湯、牛肉麵、粉圓冰等美食，近年不少遊客慕名而來。「廣東汕頭牛肉店」作為沙茶咖哩的創始店自然最有名氣，早有許多故事報導，但對於在地的我來說，更吸引人的是，早已化作家鄉味的記憶連結。

踏進許久沒來的老店，此時第三代接班人林啟昌，還在廚房裡忙碌，我四處張望，店面仍是記憶中的寬敞舒適，但菜單似乎豐富了許多。猶記得小時候只要親友來訪，家人便會來此聚餐。

我趁著採訪前的空檔趕緊先打打牙祭，回味一下。邊吃邊回想，老爸說，阿嬤以前也曾在「流籠頭」擺攤賣麵，當時這一帶都是市集攤販，那麼廣東汕頭牛肉店應該也還沒有店面才是，見林啟昌忙完出來，我好奇的詢問起這段往事。

「這裡大概是三十多年前搬過來的，媽媽說，爺爺最初是在里長辦公室旁擺攤，後來才有自己的店面。舊店是在復旦路前頭、西岸高架橋下，也就是現在三德的店址，當時的招牌還在。我是在那邊長大的，常常就在店前面的鐵路玩耍。那時火車班次已經很少，火車來了，大夥才開始移車讓路，所以火車只能一路停停走走。倒是貨櫃車進出很多，所以大人會特別告誡我們不要跑到馬路上玩，不聽話就會挨揍。」林啟昌邊說邊帶我往舊店走去。

林啟昌的童年在這裡度過，當時國小的他也會到店裡幫忙，那時的「流籠頭」非常熱鬧。一九七〇、一九八〇年代正值台灣經濟起飛，基隆港進出口貿易興盛，也正式進入貨櫃航運的時代。再加上附近的基隆海軍三廠，許多海軍家眷就住通仁街一帶，因此帶動各種需求，而在此形成市集。因為份量大、口味重，店裡常有碼頭工人光顧，等船的時候沒事做，他們也會聚在這邊喝酒打發時間，或下工之後過來吃飯，那時收完店通常已是半夜一兩點。

爺爺獨創的沙茶咖哩，成為基隆的獨有滋味

來自廣東汕頭的林廣省，也就是林啟昌的爺爺，當年跟著國民政府的部隊來台，落腳基隆西岸。那時許多外省老兵會選擇以家鄉味謀生，林廣省也不例外，選

01. 店裡的沙茶咖哩牛肉／豬肉／羊肉炒麵是招牌。02. 切牛／羊雜是經典配菜。03. 清爽的蛤蜊湯很適合搭配重口味的咖哩解膩。

擇在碼頭工人聚集的「流籠頭」賣起牛肉湯麵，再慢慢增加品項，像是沙茶炒芥藍牛肉等汕頭口味。

後來更以咖哩，結合汕頭人心中的絕配——沙茶與牛肉，創造了沙茶咖哩這一味，不只成功擄獲藍領工人們的脾胃，復旦路更成為饕客必訪的沙茶牛肉街。沙茶咖哩自此發揚光大，成為基隆的獨有滋

味，也成了遊子們心中的家鄉味。我不禁好奇林廣省爺爺究竟是如何神來一筆？「沙茶為什麼會加咖哩我沒細問，但味道就是從爺爺那時候傳下來的，沒有變過。」林啟昌苦笑著答道。

比起沙茶為什麼會搭咖哩，牛肉為何配芥藍，林啟昌更在意的是，自己有沒有留下記憶中爺爺的味道。目

01

02

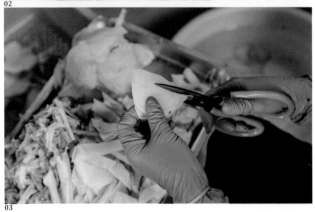

03

01. 小小的廚房裡孕育出讓基隆人回味無窮的料理。 02. 林啟昌熟練的
炒起熱鍋菜，為客人準備新鮮又美味的料理。03. 午後空閒時，員工開
始為晚餐備料。

前店裡各項食材的供應，從
爺爺那輩便合作至今，來自
老鄉的沙茶已由兒子接手，
麵條依舊是附近老店特製類
似烏龍麵的生麵，咖哩也是
固定供應商，並且堅持使用
本地黃牛，價格雖然因此比
一般店面還貴，但一點也沒
減損客人的喜愛程度。

　　早期店內多是爺爺開發
的菜色，林啟昌最喜歡乾切
牛肉、炒三鮮與炒牛肉，這
三樣也是恰巧是客人最愛的
前三名。雖然口味都是沙茶
咖哩為基底，但不同食材
跟醬汁炒在一起味道會有所
不同，林啟昌在長年與客人
交流之下，也開始開發新口
味，像是羊肉、豬肝、雞肉
口味等，提供不吃牛肉的客
人其他選擇。

老店放著不管？打掉出國念
頭，從書生轉向老店承接者

　　林啟昌坦言，當初對餐

飲其實沒有特殊興趣，而且長輩也希望他好好讀書，不用承接家業。年輕時，他出國讀書，但唸完書回來後，看著父母也到了退休年紀，卻還每天忙碌，因此萌生了「不如試著接班」的想法，便和姐姐林慧萍一同接下這個傳承的挑戰。

回來之後，林啟昌從基本的切菜洗菜跑桌開始，學習應對進退、熟悉客人喜好。等店裡一切上手後，爸爸才讓他進內場學做料理。如今已接手十五年有餘，大小事務都在掌控之中。

除了仰賴合作夥伴供貨外，林啟昌每天早上還會親自到成功市場採買海鮮及確認食材。九點左右員工們便開始洗菜備料和分切牛肉，一陣忙碌就緒後，也差不多準備迎接客人。因為都是現點現煮，客人得等上好一陣子，但我看客人們似乎都是老神在在？「以前出餐要等更久，現在看到客人進來，我們就會先估量趕快下麵，不過也是得等上二十分鐘。」可以感覺到林啟昌持續精進，不斷改善細節。

看著基隆的轉變，老店學習適應也更加賣力！

只是隨著基隆港的榮景過去，加上碼頭業務民營化造成碼頭工人大量流失，以及海軍眷村人口也陸續外移等時代變遷，老店生意已大不如前。林啟昌笑說至少不用像以前那樣忙到半夜，現在主要服務的是假日專程而來的遊客，比起從前髒亂、滿街貨櫃車的景象，面對基隆邁向觀光城市的轉變，林啟昌倒是樂見其成。

他這時默默拿出了一把幾乎扁平、充滿手工感的鐵鍋鏟，說是當時造船廠的鐵工幫爺爺做的，他笑著說：「老客人都知道這個鎮店之寶」，當我看到還在服役的老鍋鏟時，不禁想像這熟悉的美味，應該也像鍋鏟需要慢慢磨練出來。最後，我好奇老店是否也要跟上時代，販賣食物包增加收入及多元性，但林啟昌卻說，他比較希望能將新鮮現做的味道，傳承下去就好。不貪心，不鋪張，是這家熱門基隆小吃，能為客人做的最大努力。⚓

文章、紀錄／廖芷瑩　訪談／廖芷瑩、西打藍　攝影／林靜怡、廖芷瑩

讓人上癮的基隆小吃
黑輪仔伯的燒賣與基隆黑輪

基隆小吃的終極名單

　　我做訪問時，有一些必定要準備的事，例如：錄音設備、受訪同意書、訪綱、清醒的腦袋，還有最重要的：填飽的肚子。血糖滿足，訪問就能順利進行，此一律則，百般檢驗，無一次倖免。

　　然而，基隆的走訪行程中，挑美食可真是個大挑戰。從豆干包、甜不辣、三明治、魚丸，廟口附近走一圈，我就知道自己對於美食的定義，一定還太過狹窄。除了美味外，這裡的食物，簡直是基隆歷史的縮影，像是沙茶咖哩麵，就是碼頭工人的最愛；吉古拉則是基隆海鮮的傳承；炸三明治就是和西方文化接觸的遺產。訪問多天後，我們終於蒐集到終極名單之一，西岸的黑輪仔伯。

　　黑輪仔伯的攤販其實超不起眼，就在西岸國光客運停車場的角落。在車道轉角處，停著一輛前後輪都已朽壞的腳踏車，上頭擺著一個小木盒，木盒下方有木炭，正加熱著一大鍋的黑輪燒賣。如果一閃神，眼睛就會略過他的存在，因而錯失基隆隱藏版終極小吃之一。

　　大太陽底下，身形薄弱的黑輪仔伯鄭軾欽，和他的太太許寶粉，正在大傘下躲熱，看著過客乘車來來去去。然而，饕客們一定知道，經過轉角，要拉下車窗大喊：「綜合一份！」接著，黑輪伯走進陽光，再拿出一大袋閃閃發亮的燒賣黑輪，遞進車中，餵飽夭鬼的顧客們。

　　黑輪仔伯的燒賣，可說是基隆必點小吃之一，曾在港邊生活的船員們，也對他的食物愛不釋手。而他交手過的顧客，可說是五花八門，畢竟他從一九四七年，就站立在基隆的港口邊叫賣，那些你一定不知道的基隆面貌，他都能一一細數。

---

01. 舊腳踏車與攤車是基隆人的回憶。02. 每日出爐的燒賣與黑輪是港邊工作者的小吃之一。

01. 海港大樓樓下是黑輪仔伯過往會擺攤的地點。02. 小小的攤販乘載許多人的回憶。

海港從業人員的情報小站

他說，以前的海港可真的是熱鬧，像是現在的陽明海洋文化藝術館樓下，其實擠滿了攤販。「那裡有乾麵、豆乾包、魚丸湯……太多了啦，人足多。」他回憶起過往海港景象，說起西岸碼頭附近，來來往往都是人，有的從外地來辦事，更多則是在地的碼頭工人、海關船員，還有各國的海員。

尤其是海關人員，那些「蓋印章的那種人」常常都要加班，如果鄭軾欽晚上到大樓底下做生意，就能遇到許多還沒返家的工作人員。他也只能用小吃慰勞他們的辛勞。

有的人被慰勞一次，就上癮整整四年，「每天都來！」但是那個人卻在某日消失不見，黑輪仔伯探問之下才得知，他因為事故提早離世了。鄭軾欽說碼頭工人也真的是辛苦人，各種意外都可能隨時發生。站在港邊，他可說是看盡人情冷暖和人生百態。

讓人意外的事情還多的是，像是他提到，以前有一種職業，「恁少年仔一定都沒聽過」叫做海蟑螂。海蟑螂顧名思義是走私販，他們會把走私品放在身上，例如一次穿好幾件舶來品，以及戴好幾隻名錶，或者藏昂貴的東西在身上，從港口上

岸，偷偷把原本需要報稅的商品，挾帶進台灣。因此，港口也成了警察和海蟑螂的大戰之地。

「齁，他們就一直跑啊！如果遇到警察，海蟑螂直接把東西當場脫下來，灑到地上噎！旁邊的人就一直撿一直撿。」我出生在科技執法且海岸管控嚴格的年代，對於黑輪仔伯描述的情景，簡直是目瞪口呆，「啊！然後勒？你有撿到什麼嗎？」我問。他補充，自己看過高級鮑魚罐頭、名貴手錶，還有很多件好漂亮的衣服，通通被人撿走，「那個年代，能看到那樣的東西，真的是很難得！」這果然是在港邊站

七十年以上的人，才能目睹的現場。

知道很多事情的黑輪仔伯，也跟許多港邊人，變成了麻吉。像是林強有一首〈黑輪仔伯〉，其實就是鄭軾欽先生的故事。阿伯回憶道，那時林強還很年輕，在附近當鐵工，他每天都來吃黑輪聊天。一段時間後，林強變得很出名，但還是有回來，放那首歌給他聽。到現在，他對這段交情還是感到非常驕傲。

隱藏版基隆黑輪的秘密

就算你吃過黑輪伯的燒賣和龍鳳腿，但有一個小秘密可不是每個人都曉得：黑輪伯說自己的產品，其實是跟著時代在走的。離日治時代比較近的時候，他在港邊賣的其實是ちくわ（Chikuwa，竹輪，也稱作吉古拉）、かまぼこ（Kamaboko，蒲鉾，也稱作魚板），還有ごぼ（Koubo，炸牛蒡），「那些是日本仔愛呷啦！後來的人不一定喜歡」。

因此，隨著時代潮流，他拿出了自己年輕時，在鄉下跟廣東師傅學過的燒賣絕活，養活一家人。像是他的龍鳳腿，和宜蘭有名的龍鳳腿做法，非常不一樣，除了換掉外皮的油網外，裡頭的肉質也鮮嫩許多。黑輪仔伯提到，肉質的鮮嫩一定要歸功基隆店家的努力，幾十年來，他的口味之所以能不大改變，就是因為他跟固定的店家拿豆皮、醬料以及內餡。想做一顆好燒賣，全基隆的人可都不能馬虎！

鄭軾欽除了是美食職人外，也是逛基隆達人。因為他從七十幾年前，就每天騎著腳踏車，從仙洞底下的家裡出發，騎過西岸1、2、3、4……28、29、30號碼頭，他說不同地方招攬到的顧客都不一樣，風景更不同。從六點到十六點，從日出到日落，他的腳踏車都騎到壞掉了，但還是非常拚命，想做好每一顆燒賣。

他說自己其實是彰化和美人。二戰後，鄉下實在是太窮了，到處都沒得吃，所以就提著兩卡皮箱，到了基隆港邊。那時的港邊繁華至極，他眼睛都不敢休息，得好好看看這美麗的城市。幾十年過了，鄭軾欽不再是基隆的移民，反倒是在地最資深的基隆專家，陪伴許多人從小到大，甚至走完一生。他不知道自己會做到幾歲，但在那之前，他一定還是每天都站在路口，等著饕客們上門，吃吃基隆的回憶！⚓

訪談、紀錄、文章／廖芷瑩　攝影／廖芷瑩、林靜怡

基隆航港人聚會必訪的經典館子
外省家鄉味的湖南小館

仰賴航港人捧場的到道地小餐館

「基隆以前有三千個碼頭工人，他們月薪至少五萬塊，三千個人就有一億五千萬，不要多，扣掉開銷、存款，全部人總共花五千萬吃飯好了，我們不貪心，就分兩百萬，一定跑不掉。」從事餐廳服務業及管理階層許久的馮勢棠經理，說起過往基隆港灣的盛況，還是笑得合不攏嘴。

聽到此數字，我睜大眼睛，感到不可思議。馮經理又補充，幾十年前基隆港的碼頭工人、港邊工作者、航海人員等人的收入可好著呢，港邊商家靠他們不愁吃穿多年。那時的經濟盛況，讓航港從業者可以大方的花錢，所以造就了許多基層工作者，得以用廚藝、生活技能提供服務，在基隆港好好生存。馮經理這番描述，和我眼前的景象相差甚遠，讓我不禁想坐時光機，回到三十年前的基隆港邊逛逛，一窺當時風光。

見過風雨的 PRO 級經理

在我面前侃侃而談的馮經理，是基隆老牌湖南菜餐廳「湖南小館」的前任經理。馮經理介紹道，此間店由創辦人林家璇先生，創立於民國八十四年。林先生和其他老廚師，都師出台北的「桃源小館」。他說，以前桃源小館在台北有多家分店，而

01

02

01. 湖南小館的經典料理：豆酥鱈魚。02. 湖南小館的經典料理：富貴Q麵花雕雞。03. 左為馮勢棠前經理，右為王見國前老闆。

創辦人就是那裡的老員工，做幾年後，他們想到基隆拓展新的飲食市場，因此有了這家店。

而馮經理，以及他身旁正在喝茶的王見國，正是創辦人的好友，也是在台北的老同事。他們在生意極好的台北餐廳一起打拼，聽到對方要來基隆闖天下，二話不說力挺至極。一直以來，他們以好友身份支援捧場，但前幾年創辦人另有規劃，兩人也順勢接下基隆的經營棒，繼續扛起湖南小館的招牌，等待舊雨新知的到來。

特別的是，雖然目前店面已轉手讓王俊斌老闆接手，但疫情前的過去幾年，馮經理不僅是這家店的經理、創辦人的好友兼得力助手外，更是在地的老基隆人。「我之前在區公所當過里幹事，後來因為工作接觸市議員和政府人員等，自然而然人面比較廣。」廣闊的人際關係，讓他在擔任經理一職時，能夠力抗近期的Covid-19，使湖南小館免於疫情影響，外邊風雨飄搖也都不怕。

市政中心第一指定美食

王見國指著門外的義一路說，「那裡啊，是市政府附近，館子呢，通常就會開在這種地方。因為有大人物會來嘛！所以你看這條路餐館的招牌林立。我們這裡就是本舖，如果連這裡都不保了，那其他地方該怎麼辦才好？」原來湖南小館在民國九十幾年的興盛時期，共有五家店。那時王見國在暖暖店當經理，一號才剛開幕，座位就預約到二十七日，「中午一張桌子滿三次、晚上滿四次，店面十幾張桌子，每張每次有三到五千元，你自己算算，是不是很賺？」他得意的說。

聽到這個數字，我震驚得說不出話來。暖暖噎！不是什麼市中心，生意還可以如此興盛，對我來說，在二〇二二年的當下，面對疫情、通貨膨脹等現實生活，讓人難以想像過往台灣人那種堅強的經濟實力。

基隆多元族群建築而成的美食大街！

我好奇問，那到底誰會來吃外省菜呢？畢竟和我同年紀，或者我父輩的人，不一定會時常上餐廳，更別提外省菜館。王見國挑挑眉，逗趣的看著我說：「剛剛提到那些很闊氣，幫助我們翻桌不知道翻幾次的人駒，就是外省伯伯啦。他們有的是軍人，有的是退役的航港人員，老人有退休金，但也無

1. 湖南小館近期的新老闆王俊斌。02. 宋楚瑜送給湖南小館的匾額文字。

01

02

03

法去太遠的地方，當然就是來餐廳找朋友吃飯。一個人一個月來五六趟，那三四百位單身的外省伯伯，就是我們最穩妥的靠山啊！」

聽他那麼一講，我才恍然想起，剛剛走進店門前，義一路上的確充滿了許多中國料理，像是「小峨嵋川菜館」、「天香私房菜」等，都是我的基隆朋友會提起的在地人推薦好料。我和在地人多聊天後才知道，原來民國三十八年從中國遷移來台的「外省老兵」，許多就在基隆港邊待了下來。另外，還有原本就從事中國河港貿

01. 湖南小館是基隆市政府前的美食紅牌之一。02. 湖南小館歷史悠久的座椅。03. 馮經理總是親自招呼客人，直到他們離場。

易、輪船工作,以及擔任招商局人員、海關工作者等,都會在基隆定居,久而久之,這裡的外省人就越來越多。

因為他們想念家鄉,中國菜館也更加蓬勃。所以很多船員,會在下船時,帶著親朋好友來這裡吃吃喝喝。雖然近年湖南菜館已經融合當代人愛吃的口味,如花雕雞麵條、麻辣牛三寶、酥炸鱈魚,還有最有特色的銀酥捲,都是在地口傳隱藏美食,然而老饕們還是喜愛湘菜,因為入舌尖的家鄉味,必定永生難忘。

船員吃飯的小秘密

在馮經理和王先生口中,打聽到基隆船員吃喝的小秘密──「換攤」。

這是指船員們通常在湖南小館吃完飯後,會再去附近的小吃攤聊天,接著可能拜訪就近的茶館、卡啦OK,宵夜場再找另一間喝酒的地方。一個晚上,他們可以跑上三五家店,拉著一串朋友,在基隆的夜色中遊蕩,享受下船的日子。王先生問我:「你們知道溫柔鄉嗎?」我搖搖頭,他補充道,那是許多辛苦人賺錢後,會去花錢請人陪他們喝茶聊天的地方,對長期又單身在外飄蕩的跑船人,或者在碼頭做苦力的工人來說,這就是最好的陪伴。

「不只是跑貨櫃船,抓魚的也很多。如果漁獲豐收,回來可以分紅,還是很好啊!」不論是航運業工作者,或漁業人員,他們都是基隆小餐館最忠實的顧客。

過去基隆港到處都是海港人,現在則相對空蕩蕩,居民的工作也從航港生意,轉移往台北上班,基隆正在逐漸改變它的樣貌。然而,過去港灣留下的文化,依舊在居民生活中。湖南小館就是一間見證基隆航港、外省族群生活,和船員日常的店家。馮經理和王先生最後笑笑的跟我說:「要吃飯隨時跟我說!我再幫你們準備好料的!」這番體貼的對話,就是小店抓住船員和基隆市民胃的暖心關鍵。⚓

01

02

採訪、紀錄、文章／林佳慧　攝影／廖芷瑩

傳承六十年，人氣超強口味不變的庶民小吃
基隆港口小巷內的長腳麵店

第一代麵攤老闆「躼跤（lò-kha）」

「晚上打烊後收攤回家，攤車上疊著桌椅餐具廚具，很重，推著被壓到變形的鐵圈輪子走在石子路上，特別難推又特別大聲，從巷口就開始把整條巷子鄰居都吵醒，『躼跤（lò-kha）回來了，吵甲欲死』」劉宜禮回憶兒時，爸爸收攤回家時，攤車震天價響的聲音。

那台攤車，就是基隆有名的巷弄小吃——長腳麵食的前身，而劉宜禮跟太太簡碧丹是長腳麵食第二代接班人，自民國八十年接下麵攤生意，至今已發展成店面。能訪問到有歷史的基隆名店，我打算一定要好好問問第一代麵攤老闆的故事。

劉宜禮的爸爸劉建華是福建人，民國三十八年隨國軍撤退，最初到馬祖開了雜貨店，當地居民生活困苦，買東西常賒帳，心善的老闆總是不忍拒絕，到最後實在撐不下去，只好收掉雜貨店。民國四十六年來到基隆，和福建同鄉一起開麵攤，攤位就在現今陽明海洋文化藝術館下面騎樓。劉宜禮回想爸爸跟他提過的故事說：「我爸和人家合夥一年多後，自己出來開，跟我媽一起，早上在孝三路的騎樓賣、晚上在仁愛診所外面賣，又過三年，被警察趕到巷子裡去賣，就定點在孝三路九十九巷一直到現在。」

劉建華做生意認真實在，攤車賣的麵食、小菜、甚至調味料，都是自己手做，攤車沒營業的時候，全家都一起幫忙備料。「雞爪、雞翅、雞胗、豬肺等食材都是在家處理，味道實在太重了受不了，後來那些就沒賣了。」劉宜禮回憶全家八口一起擠在房子內幫忙的

01-02. 長腳的招牌小吃吉古拉與豬腳。

景象，那時住的地方很小，一層樓擠四戶人家，還共用廚房跟浴室。

「大家都叫我爸爸『躼跤』，他有一百七十幾公分，跟他去市場都不怕走丟，遠遠就可以看到他頭在人群上面，後來我取店名，就決定用躼跤（lò-kha）。」

基隆港區的兒時回憶有冒險與驚險，還充滿基隆的航港味

劉宜禮和爸爸感情深厚，小學四、五年級就跟著爸爸在麵攤幫忙。沒有自來水的年代，他將麵攤要用的水裝在木桶，從家裡推到攤位上，「因為路不平，木桶很重不好推，水推到麵攤只剩六分滿，就會被罵說在玩水」劉宜禮笑著說。

爸媽做生意時，他就在小艇碼頭旁邊的綠地玩耍、跟鄰居打棒球或是在海上的原木跳來跳去，儘管大人再三喝斥原木很危險不要靠近，但實在好玩，孩子們都有默契偷偷玩不能讓媽媽知道。

01

01. 清燉豬腳麵線、餛飩湯、現切吉古拉和乾拌麵是長腳麵店的招牌。02. 老闆娘說他們的麵條非常Q彈有勁,許多人一吃成主顧。

當時基隆港內常停滿船,進不來的大船在港外等船席,會有小接駁船去接大船船員來市區旅遊、休息、消費,十分熱鬧。碼頭周邊來來往往很多美軍,會去酒吧消費,劉宜禮說:「麵攤附近有兩間酒吧會叫外送,一間麗娜、一間好萊塢,叫了我就負責送過去。跟美軍收兩塊,我說的是台幣,他會給我美金,我那時候好高興,美金一比四十欸。酒吧裡昏天暗地,進去要找人,需要小姐指路,收到錢時小姐就會說『剛剛美軍付這麼多,我要抽一點回扣』,就會跟她分。」想起小時候在基隆港邊幫忙及玩耍的時光,劉宜禮的雙眼閃閃發亮。

而他的好手藝,則是從國中開始習得。當時爸爸教他煮麵,叫他下麵之後要撥、抓、撈麵的時機。他退伍後在進出口貿易業工作一段時間,後來爸爸年紀大了打算退休,劉宜禮便帶著太太回來接手麵攤生意。

老少客人都吃得津津有味的美味延續

麵攤生意雖然從小看到大,但是自己接手做,辛苦程度果然截然不同。原本做會計的簡碧丹,辭去工作和老公一起經營麵攤生意,她笑笑地說:「嫁雞隨雞、嫁狗隨狗嘛。剛開始真的很不適應,所有事情都從頭學。」她攤開手掌讓我看右手食指下方的厚繭,「這是拿菜刀切豬油切到長繭」。日復一日的辛勤工作,夫妻二人努力將攤車變成現在的店面,掛上了「長腳麵食」的招牌。

他們延續爸爸的親力親為,開店三十多年,每天早上五點開始備料,七點就要開店。店內賣的麵食、滷味、調味用的豬油及油蔥酥,都沿用爸爸的料理方式自己親手做;滷豬腳用的老滷汁是從爸爸開店就傳下來的招牌,更是需要細心照顧。

「店裡賣的只有貢丸跟

吉古拉是跟供應商拿現成的。店內賣的品項、份量都跟我爸當時賣的一樣。」劉宜禮說，而這種傳承，在孝三路的小吃店很常見，「附近賣大腸圈、肉包、山東水餃、豬肝湯的，幾乎都跟我們一樣從攤車開始做到店面，小時候都一起玩過的，現在也都差不多第二代、第三代」。

「難道連供應商也是這樣傳承嗎？」我好奇的問。

「對阿，供應商也都從我爸那代合作到現在，像麵條的供應商也是傳給第二代在做，連我們客人很多都是吃三代的老面孔，從二十幾歲吃到現在六十幾歲當阿公還在吃。」長腳麵食的好滋味，六十多年來深受在地喜愛，隨著基隆近年觀光業的發展，也吸引外地饕客前來享用。

面對客人轉變要用「初心」來應對

簡碧丹回憶，以前客人差不多有四成是報關行，還有碼頭工人、船務人員、海運公司員工等航港相關從業人員，現在則有一半是外來觀光客。她說：「熟客我們看到臉就知道他要點什麼，通常都是點『一套』，就是乾麵加餛飩湯；外來客就要介紹，他們什麼都想點來試試看，來五個人就點五碗不一樣的，供餐速度就會比較慢。現在觀光客比例越來越高，假日都是外地客，排隊半小時也願意排，在地客人就不會排隊。」

面對改變，劉宜禮樂觀面對，他提到觀光帶來人潮，對做生意來說是好的，期待疫情之後觀光能回溫。他同時也強調，不管客人如何改變，賣吃的就是賣自己的良心：「東西要好，才能賣。之前食安問題我們生意反而更好，因為我們用自己炸的豬油。食材如果不知道是哪來的，怎麼敢給客人吃？我一直記得爸爸說過：『你做吃的，要自己敢吃，才能讓別人吃』所以我每天都吃一碗自己煮的麵。」

劉宜禮認真照顧每一個細節，長腳麵食傳承的，不只是爸爸的名號，更是連細微處都講究的職人精神。⚓

香（湯）麵 | noodles in soup
醬麵 | paste noodles
米肉絲麵 | with pork and spicy vegetables
食麵
腳麵 | knuckle noodle

0元 30元 35元 50元 50元 80元

01. 負責出小菜的老闆娘在正餐時間也十分忙碌。02. 長腳麵店的生意十分好。到了用餐時間，老闆幾乎無法停下手邊的工作。

文章／西打藍　攝影／林靜怡、鄭詩怡　訪談／田美子　紀錄／林佳慧

走過窮困，走過航港興盛，也走過人情冷暖
罾仔寮的蘭屋雜貨店

　　由於採訪關係，我近年常常到基隆後站的罾仔寮社區。在地人告訴我，過往碼頭產業全盛時期，巷道上滿是挑著扁擔沿途吆喝販售的小販，山上的太平國小也有上千位學生。許多當地人的早晨印象，是在小販吆喝聲與學生歡笑打鬧聲中醒來。

　　今天，我再次因為航港職人的故事，走上這條通往罾仔寮的一一三巷，到一間前身為雜貨店的「蘭屋」。

　　蘭屋是洪錦蘭一手打造的雜貨小店，認識她的人多稱她為「蘭姐」。屋子小而美，外觀除了有蘭姐自行編織的漁網屏風外，還有各式花朵的彩繪。經過的路人，很難不被豐富亮麗的外觀吸引。

　　我們和蘭姐打聲招呼後，他便熱情地介紹當地景致：「我們下面有一間『芭樂宮』，是早年開墾時，在那裡挖到一副棺材，村民們便擲杯問祂是不是想待在這裡？得到聖杯後，隔壁剛好有芭樂樹，就叫它『芭樂宮』了。」蘭姐接著分享芭樂宮的趣事。

　　「在特定節慶時，廟方為答謝信徒，還會搭設野台布幕，邀請居民看戲。小孩子會在戲台欄杆之間跑來跑去嬉鬧，旁邊還有攤販在賣炸物、小吃。以前傍晚，還會有一群歐巴桑聚在那裡玩四色牌呢！非常熱鬧。」蘭

01　　　　　　　　　　　　　02

01-02. 蘭姐手工藝精巧，製作與佈置許多店裡店外的物件。

01

01. 蘭屋雜貨店位於太平國小下方的罾仔寮社區中。02. 顧客送給蘭姐一幅雜貨店的水彩圖。

姐一邊說著，一邊分享公公在碼頭工作的照片，回憶起剛到基隆的時光。

你如果知道大名鼎鼎的漂亮太平國小，要記得找到蘭姐雜貨店！

民國四十六年，蘭姐出生於新竹，三十一歲到先生基隆老家的嶺仔寮定居。那時，夫家正經營著一間雜貨店。她說：「婆婆早年會挑扁擔去擺地攤、賣剉冰，幫人洗衣服、帶小孩，後來太平國小建校，婆婆就去申請菸酒牌開雜貨店。」

雜貨店東西很多，前三名暢銷品分別是煙、酒、飲料，例如芬達、津津蘆筍汁。「當然，老牌雜貨店裡必備的柴米油鹽醬醋，樣樣齊全。」蘭姐說。為了給客人方便，雜貨店還有零賣的沙拉油、麻油，那時一兩十元，一次會進貨三公升麻油來賣。

在嶺仔寮開設雜貨店，受惠的不只是街區，還有店旁的鄰居：「隔壁的朋友常常會探頭出來，直接說要買飲料，我們就透過窗戶遞給他，這是山上才有的樂趣。」蘭姐笑著說。

經營雜貨店，還會遇到各式各樣的人。例如蘭姐允許客人賒帳月結，卻遭有些客人抱怨：「怎麼那麼貴，是不是亂算！」蘭姐還常常遇到早上五點就到雜貨店前

敲門，喊著要買菸的客人，搞得全家人睡不了好覺。

「半夜也會有客人來敲門買酒，婆婆為了賺錢都會開門，但我都會跟婆婆說『別讓客人養成壞習慣，而且半夜不知道會是誰來，哪天遇到壞人怎麼辦？』後來婆婆也同意我說的話。」蘭姐分享雜貨店裡所見的奇人異事。

在還沒有便利商店的年代，雜貨店每天都非常忙碌，尤其是七月普渡時，許多人會買來貢品參拜：「曾經有人買一箱酒去拜拜，結果拜完竟然拿回來退，這樣真的很不好。」蘭姐回憶起往事，苦笑著搖搖頭。蘭姐為人熱心，在工作之餘，還會幫忙照料鄰里。

照顧家人，也關照鄰居。蘭姐是大家的好厝邊

雜貨店，是不少人小時候的美好回憶，裡面有各式各樣千奇百怪的物品，每每走進，就好像在探索新的世界一般。

當年，許多太平國小的學生，會在課後跑到雜貨

01

02

01. 蘭屋與來訪的工作人員相談勝歡。 02. 雜貨店口擺放精美的椅子是蘭姐的傑作。

店買東西。蘭姐偶爾遇到家境不好的學生，還會給他零食吃。平常，蘭姐也會把家裡的玩具送給鄰居小孩，或主動幫鄰居顧孩子。因此，雜貨店經常會有小孩跑來遊憩。

常年和小孩相處後，蘭姐不一定記得那麼多孩子，孩子卻一直銘記蘭姐對他的好：「有一次我在市政府搬東西時，有個小朋友主動跑來幫我搬。搬完後，我跟他道謝時，他說『阿姨，你怎麼忘記我！』他報了名字後，我馬上就想起來了，想起過去的美好回憶，覺得很溫馨。」蘭姐懷念起過去和孩子們的互動，至今依舊感動。

雜貨店久了，人也老了，當然要向下傳承啊！

然而，在時代改變下，雜貨店的生意也漸漸暗淡了起來。隨著超商與大賣場興起，雜貨店批發的物品相對較貴，客人轉而跑去其他地方光顧，雜貨店也就越來越沒有生意，蘭姐家中的雜貨店也收了起來。

雖然過往的雜貨店消失，但蘭姐轉而追求自己的夢想，主動去學習蝶古巴特彩繪拼貼、傢飾彩繪。並憑藉技術在社區大學考到證照，有機會一圓當老師的夢想。並將原本的雜貨店改造成蘭屋，分享過往碼頭的照片，以及自己的彩繪作品。

除此之外，蘭姐也主動參加社區的關懷據點活動，擔任巡守隊、陽明海洋文化藝術館志工和仁愛圖書館志工等，「參加活動後，都覺得自己變年輕了，我只要是自己能力範圍內，都會去做。」蘭姐不只自己投入公益，也會帶著先生一起參與。關心社區與周遭的蘭姐，有時甚至聽到鄰居家裡熱水燒開了，都會主動去敲門，可謂是嶐仔寮的地下里長啊！

走在蘭屋所在的一一三巷，不但可以看見美麗的基隆港景致，路邊偶爾還會竄出一兩隻松鼠。電線桿上，還常有果子狸攀爬。「我曾經在那裡餵果子狸吃蘋果，但怕浪貓跟牠打架，後來就不餵了，我們這座山上的生態很豐富。」蘭姐指著一旁的老屋，細數生活中讓她滿意的細節。

聽著蘭姐分享嶐仔寮的種種故事，讓我越來越喜愛這座具有人文潛力與渾厚歷史的街區。期待透過蘭屋的啟發，當地會有更多自發性的藝術與活動出現，並透過在地力量，讓更多人認識這個可愛的地方。⚓

01. 富順行商家中擺放許多舶來品。

文章、採訪、紀錄／林佳慧　攝影／林靜怡、鄭詩怡

委託行老闆的港區求生實錄

富順行楊榮昌的港邊經商之道

一坪半開始的創業血淚史

「想像時光倒轉回民國六十三年，地點是航港業正盛的基隆，如果你來到此地，但人生地不熟且身無分文，為了溫飽，你覺得自己會選擇做什麼營生？」基隆委託行富順行的老闆楊榮昌，問了我這個生死命題，他的眼角彎彎，勾出我急切聽到答案的心情。

「委託行！」老闆說，這是他求生存的方式，也是人生最精彩的選擇。

在媒人牽線下，二十八歲時娶了老婆。第一個孩子出生後，他來到老婆的故鄉基隆，憑藉年輕時跟隨哥哥在高雄做舶來品生意學到的經驗，決定開一間委託行，在繁華的基隆安身立命。

岳父也是開委託行的，「那你跟老婆娘家拿錢做生意就輕鬆啦？」我問。

「我們那時候開店，夫妻倆都沒向家裡拿半毛錢。」出乎意料的，楊榮昌並沒有依靠任何資源。開第一間店時，他四處借錢，咬牙租下一坪半的店面，每個月租金一萬元，利息三百，其他收入都用來買貨。不斷負債的壓力，讓楊榮昌決心要做好這件事。

美軍帶來的光明啊

經過楊老闆的介紹，我發現他託付自己生命的委託行，前身原來也是個時代的舶來產物啊！

老闆提到，委託行的前身，源於韓戰時駐台的美軍，委託當地人代為販售各式日常用品而興起的行業。隨著基隆港的興盛，來自海外大量的舶來品流入委託行，人們爭相搶購，因此它成為民國五十到七十年代「時髦」的代名詞，也是基隆港繁華的象徵。想開委託行，最重要的就是貨源，要提供源源不絕的貨，就得靠人脈。

他小聲跟我說，其實許多舶來品都是偷偷進的。例如，高雄的船員，有時會多帶香港貨回家；基隆的人，則主要拿日本貨；其他也不乏泰國、菲律賓、印度等國家的商品。楊老闆在過往於高雄做生意的人脈基礎上，外加深耕基隆的努力，以及

多方奔走打點下，幸運地找到合適的船員，幫忙他「帶貨回台」。

有了穩定貨源，委託行漸漸步上軌道，老闆略帶得意的說：「當時的委託行，東西很好賣，店面只要放一張桌子，商品擺上去很快就賣出去了。」為了因應大量舶來品需求，他需要更多的貨。

貨源 LEVEL UP 的改造大行動

想要賺更多的錢，就要更有本事！老闆說，做一陣子後，他開始了事業的大改造行動。

Step 1、提升高雄的進貨量。楊老闆找到一個高雄批發商，答應把所有進的貨都留給他。當時他每週飛高雄拿貨，同時也在高雄找到一個船員當班頭，收齊船上其餘三十位船員帶回的貨，再統一付款給班頭，荷包就包準滿滿。

Step 2、基隆的貨，要親自到港邊去收，以免貨品「漏溝」。「最辛苦是凌晨四點去港邊等船靠岸，有時候船班 delay，夥計們會在那裡賭博，我都是看他們賭，等贏的人給我吃紅，然後去外省人的小攤買個燒餅吃。是小小的樂趣。」楊老闆笑著說。

他提到夥計們賭博的地方，是在當時碼頭周邊，委託行暫放貨物的小房間。船員卸貨會分好幾趟，要抓緊時間，還要躲避警察耳目，不可能每趟都大老遠提回店裡，於是腦筋動得快的商人，就提供房間出租的服務，讓委託行可以直接把貨放在港邊。

楊老闆回憶，當時為了交貨，船員們也真的是各出奇招。「他們有的把很多件衣服穿在身上、口袋都塞滿、戴上各種配件、套上多種尺寸的鞋子，最下層黏個膠帶防止鞋底刮壞，下船之後立刻脫給接應的夥計；有的趁港警沒注意趕快整包扛出來，來回跑好幾趟……」

「這麼多人，港警怎麼可能沒注意！」我天真的問。

「這個不能說太清楚啦！」楊老闆緊張的趕緊跳到下個話題。楊老闆的生意，持續大好，好到連自己都不可置信，所以他只能繼續找門路。當時委託行區有位台灣人，常常可以拿到香港貨，一個月一次，直接送到店裡，「我都叫他旅客，但不清楚他是自己有管道出國，還是朋友幫他帶貨。」沒多久，楊老闆也找到自己出國的管道。

基隆的委託行街區過去曾是全台最重要的舶來品批貨中心，後來因政府開放出國觀光、網路跨國購物盛行等因素才逐漸沒落。
近年有年輕新團隊進駐，逐漸轉型為文創新商圈。

「那時還沒開放個人觀光，我拜託開公司的朋友，讓我掛名他公司的主管職，以公司考察的名義出國。」最忙碌的時候，他幾乎每週出去，有一陣子每週飛韓國，飛到被海關要求要申請商務簽證，辦一次簽證，就要價幾千塊。

然而，花錢小事，賺錢事大。有了珍貴的人脈，不論是帶貨或幫忙掛名出國，甚至是自己成立公司出關，都是讓生意 Level Up 的方法。

收貨價格不落人後、經營長期顧客，更要關照同行

除了貨品外，老闆小心的提醒：「和你有利害關係的，你都要想辦法打點好才行！」

01　02

01, 02. 楊榮昌向我們介紹他珍藏的貨品，以及擺放在門口櫥窗的幾件珍貴衣物。

如果供貨的船員們拿貨來，他都一定收。「我們做委託行的，要有擔當！千萬不能覺得好賣才收，覺得難賣你就不收。」楊老闆有氣魄的說。收貨的價格更是不能低於市場行情。

經營客人也很重要。要積極的幫好客人留好貨，好貨都在樓上倉庫，客人如果熟門熟路，拿了鑰匙就自己上樓挑。

「怎樣的客人算是好客人呢？」我問。

「付現金的啊、票期短的啊，因為我出去批貨幾乎都要付現，所以現金卡很死。」楊老闆提到，他因為生意好，現金流需求大，賣零售不如挑批發客，他們進貨量大又能穩定進貨。

他也補充，批發的人會講行會，如果對方說：「這件按怎拆？」楊榮昌就知道他是批發的。我像撿到寶般默默牢記這個通關密語。

最後他提醒，做這行不能小心眼，和其他委託行也一定要打好關係。有時店裡剛好缺了客人需要的商品，老闆會推薦他去別間買；相反的，別的委託行沒貨了，也會回頭跟楊老闆批貨。「都是鄰居嘛，做生意就是要人緣好，我人緣很好。」楊老闆靦腆的笑著。

順應潮流聽天由命

六十歲那年，楊老闆終於還完所有的債，孩子也都各自找到工作。雖然這讓他大大的鬆了一口氣，但也開始感嘆，世道已不如以往。

「我常跟我老婆說，孩子小，我們沒有本錢；孩子長大後，我們有本錢，但沒有機會了，是我們的命啦。」楊老闆帶著淡淡感慨說著。

隨著船員漸少、舶來品需求降低，店內不做批發，改成零售。原本熱賣的皮衣，也不再受歡迎，請朋友工廠停止生產……種種轉變，都讓富順行的燈光越來越黯淡。

雖然現在的基隆委託行所剩不多，然而，楊老闆依然守著這間店，堅持只賣外國貨。

「客人來我這就是要買舶來品，我不想讓他們失望，雖然現在一個月賺的比不上以前一天賺的，但就當退休輕鬆做，防老人癡呆啦。」楊老闆自嘲的笑著。他的奮鬥及堅持，像是過去來到繁華港區闖蕩的群像縮影，雖然繁華榮光褪去，但打拚精神不滅。⚓

文章、訪談、紀錄／西打藍　攝影／廖芷瑩

讓船員穿得帥氣又安全的好制服把關者
船員制服製作商羽豐成衣吳俊良

在我的想像中，多數成衣廠為了降低成本、提高收益，一般會委外給中國或東南亞工廠，不太可能在高人工成本的台灣製作。然而聽說在基隆市區，有一間專做「船員制服」的老牌店家，羽豐成衣。

我帶著滿腦子的疑問與好奇，循著店家地址，走進鬧區一間辦公大樓。抵達辦公室後，實在讓人難以想像這裡會是一間成衣廠！辦公室小

姐對我說：「裡頭是我們的生產線，有十名員工哦！不過我們不對外開放參觀，而且老闆今天外出業務不在。」

我一面思索不對外開放的原因，一面懷疑裡面真的能容納生產線與這麼多名員工嗎？我先致謝小姐後，隨後撥通老闆電話。話筒那頭，老闆聲音十分爽朗，和我約在南榮新村的倉庫見面。他表示平日太忙，只有假日才有時間受訪。

很快到了約定時間，我在雨天早晨準時抵達。倉庫的鐵捲門緩緩打開，最先吸引我目光的，是那一整排掛得整整齊齊的各式制服。背心、連身衣、工作褲、靴子、肩章，樣樣齊全。同時，熱情打招呼的成衣廠老闆吳俊良快步向我走來。

時過境遷也要與時俱進！

「我們幾乎都是做跟戶外工作性質有關的衣服。基

01

02

01. 工廠裡特別為船員制服準備的堅固拉鍊。02. 製衣工具鉗。

01

02

03

01. 羽豐成衣的訂單包含台灣三大航運公司，圖片為萬海航運的衣服布料。02. 吳俊良解釋船員制服上的車縫線要特別緊密，布料也是特別挑選的防割材質。03. 吳俊良的庫存區小小的，但卻是許多航港人衣物的出貨地點。

隆容易下雨，船公司員工在外面跑業務時，特別要挑耐水、防潑的布料；現場作業員的制服，會需要耐磨材質等，要因應各個行業特性留意不同需求。」吳俊良腦中清晰記得每一件訂做制服的細節，信手拈來逐一向我介紹工作細節。

台灣光復初期，吳俊良父親在基隆開設一間西裝訂做店。但隨著大環境與生活習慣不同，訂做西裝的業務漸趨減少。為了拓展製衣客源，傳承父業的吳俊良，開始接觸公家機關，包含港務局、市政府、基隆監獄、看守所和法院等，這些有「制服」製作需求的單位，開展訂做西裝以外的新業務。

吳俊良踏入制服訂做領域幾年後，公家機關開始落實公開招標與採購法，使得市場進入削價競爭。吳俊良只好放棄這部分生意，另尋出路。「三十二年前，我們不再做公家生意後，先接觸到長榮公司，開始長達十五年的合作。隔年又接到萬海的生意，一直配合到現在。我相信如果品質好、服務好，生意就會源源不絕。」公司轉型成船員制服訂做後，便一路持續到今天。

「船員制服需求量大，高級船員甚至需要量身訂做，我們連肩章、安全鞋都能做，如果遇到自己無法生產的配件，則會找衛星工廠。我們會盡可能達成客戶需求，做完整套服務。」隨著吳俊良說明服務項目，我心中的好奇也逐漸加深。

缺乏客源怎麼辦？同行間的口耳相傳！

船員制服是船公司直接向吳俊良下單，在這樣專業的行業中，我很難想像該如何拓展更多業務？吳俊良說：「你的困惑沒有錯，我們這一行很難進行陌生開發，只能靠船公司同業介紹及推薦，才有新客戶上門。」

吳俊良為我們列出工作項目：

Step 1、依據需求，選擇布料

舉例來說，現場工作人員的制服，不能用高級布料，而是要選擇聚酯纖維這類經過化學防皺處理的材質；而勞動工作類型則要選用棉質，才能有效吸收汗水。

Step 2、下單後，確認交貨期

在確定商品後，吳俊良會向客戶報價，若採購數量大於三百件，會額外給予打樣，以確認設計與規格，並細分為一次性交貨與陸續交貨。

Step 3、制服製作

根據客戶需求向布行下

單，布行會從紡織廠採購合適的原色胚布，再送往染整廠。吳俊良確認布樣成品無誤後，會在內部產線上裁剪；接著送印刷與繡製，包含合適拉鍊、扣子等配件，以組合出完整制服。

Step 4、整燙包裝

完成制服後，吳俊良會做好整燙包裝，協助打包給船公司員工，依照合約開發票、請款，即完成整個制服的業務與製作流程。

仔細介紹完步驟後，吳俊良還特別展示公司的特殊機台，並介紹道：「我們除了用常見的平車、拷克車外，還有一台全基隆大概只有我們有的『包縫機』，它可以一次自動縫合兩塊布，不需要像過去仰賴人工，非常方便。」吳俊良左右翻動制服上的裁縫處，為我們展示他們做工精巧之處。

「信譽」最重要！有失誤，主動扛

說到此處，我心中浮現最初的疑惑：「為什麼不由東南亞或中國工廠代工，不是省事又省錢嗎？」「委外代工風險很大！東南亞公司不夠嚴謹，出貨無法控管品質，並且在國際情勢或疫情影響下，容易影響出貨時程。相對的，台灣廠商雖然成本高，品質卻是相當好。」吳俊良大力稱讚台灣合作夥伴。有了他們，吳俊良的公司才能持續營運。

但是他也曾經遇到不良供貨商，收穫慘痛教訓。「曾有一間配合的布行使用雜紗，表面看不出來，直到客人穿起來覺得刺刺的，才發現問題。我為了維持公司信譽，無條件重新製作，賠給客人。虧損了近二十萬左右。」聽到此處，我對吳俊良的敬佩油然而生。他不責怪供貨商，而是主動承擔責任，果斷認賠。

船員制服製作業，是整個碼頭航運產業背後，默默提供服務的一環。吳俊良記得每一件制服製作過程中的細節，他如數家珍為我介紹的過程，以及假日仍不忘工作的熱情，都讓我感受到他對作品與工作滿滿的驕傲。⚓

01, 02. 船員衣服別肩章的小設計。03. 衣服堆中，總能找到羽豐的師父隨手記下的船員衣服安全筆記。04. 羽豐成衣為客戶製做過的制服範例。

01

02

文章、訪談、紀錄／西打藍　攝影／廖芷瑩

專屬碼頭人的形象調理
隱於海港大樓內的理髮師陳瑛芝

我在大熱天中，快步走入基隆海港大樓，穿梭於挑高樓板、蜿蜒通道之中。外面天氣酷熱，但大樓內部並無冷氣，竟已涼快通風，可見這棟日式建築設計之精妙。

在這座生活了快三十年的熟悉城市，但這是我少數幾次走入這棟大廈，即使每天都會行經這棟樓旁，卻從未發現裡頭有間開業近三十年的神秘店家。直到這次尋找基隆航港職人，我才找到了海港大樓的理髮廳，並列為必定訪談對象。

踏進海港大樓地下室，沿著指標越走越近。還未靠近目的地，卻已經聞到清新的燙髮水味道。循著這股氣味，我和攝影師總算找到這間傳說中的超實惠理髮廳。

為航港人顧容顏的時光定型液

理髮廳內，老闆陳瑛芝頂著微捲長髮，正從容操著熟練的剪技，為一位光顧二十多年的老客人修整頭髮。「剛頂下這間店時生意多好啊！尤其過年時特別熱鬧。最忙碌的時候店裡請了五位師傅，除了這幾張椅子都坐滿了要來理髮的客人，後面還有一整列人排著隊。每位師傅至少要剪二十顆頭

才能下班。」陳瑛芝侃侃而談介紹理髮廳的同時，雙手仍從容的操著熟練的技巧，不停歇的為顧客理髮。

陳瑛芝從小在花蓮出生，年輕時和一位福州師傅學習理髮技藝。她當學徒不只要學理髮，還要處理師傅日常瑣事。陳瑛芝神秘、笑笑的說：「不過，我出師後，就趕緊跑來基隆啦！」

我好奇詢問原因，陳瑛芝有些害羞地回答：「因為結婚嫁到基隆啦！當時先生出差到花蓮，公司剛好在我們理髮廳旁邊。他那個時候特地天天來理髮廳看報紙，

01. 理髮廳經營多年，從招牌可見它的歷史悠久。02. 位於海港大樓地下室的理髮廳。

久而久之我們就熟識、看對眼啦！在一起後，我跟先生一起到基隆來了。」橫跨兩地的緣分，讓陳瑛芝展開在異鄉的新生活。

五花八門又琳瑯滿目，海港大樓的特色店家

民國七十八年，陳瑛芝很快的在基隆海港大樓內的理髮廳找到工作。像港務局或海關等公家機關，都會設有福利社提供員工使用。以前這附近甚至還有一條海關地下街，許多攤販會來擺攤，從飲品、自助餐到服裝飾品，應有盡有。

理髮廳老闆在年事已高退休後，民國八十一年陳瑛芝獨自頂下店面，開啟長達三十餘年的經營：「我們生意非常好，每張椅子都有客人不間斷的在理頭髮。有時早上剛開門，就已經有睡不著的老人家早起來搶『頭香』了。」陳瑛芝笑著和我們分享著店裡輕鬆的日常。

由於理髮廳是做為海港大樓福利社使用，陳瑛芝並不能自行調整價格，而是需要透過主管機關來安排。自從接手店家後的三十多年來，陳瑛芝只漲過一次價格。理髮廳為了配合港務局，也只有在公務員上班的週間開門營業，假日則跟著一起休息。每天下午五點打烊之後，陳瑛芝會把當天使用過的毛巾、圍巾洗滌乾淨，再脫水、晾乾，才結束一天忙碌的工作離開。

刮臉、掏耳和理髮，為男顧客專屬打造的頂級享受！

這次採訪，我有一項非常重要的小任務，就是體驗成為海港大樓理髮廳的尊貴客人！

坐在理髮椅上，我可以看見桌面上，有剪刀、剃刀、電剪以及各種梳具，一應俱全。店裡擺放一整排的古董座椅，不只可以調整座位角度，一旁還備有插座，以及擺放用品的懸掛式設計。這樣的設備幾乎不可能出現在當代的理髮廳裡。

陳瑛芝發現我對工具的好奇後，神秘地從櫃子中拿出塵封許久，如寶貝般放在鐵盒裡的剃刀，娓娓道來：「早期的刀子都是一體成形，如果不夠鋒利就要磨過，而不是像現在可以直接換刀片。我們以前都要用自己的膝蓋練習如何使用剃刀。」說著說著，陳瑛芝還向我們演示如何磨刀。

在這種傳統的理容廳修整容貌，過程真是享受。首先，髮型修剪非常迅速俐落。陳瑛芝依照我的頭型，不使用快速方便的電動剃刀，而是以剪刀一縷縷為我理出清爽造型，接著帶我到

01. 師傅留下來的古董剃頭刀，也是現在陳瑛芝的傳家寶。02. 陳瑛芝和客人都有深厚的交情。03. 店裏使用超過五十年的遠東牌剪髮椅。

01

一旁清洗頭髮。洗髮過程中，搭配著頭部按摩，陳瑛芝用舒適的力道讓我整個人精神一振。洗淨完畢後，再遞上一條熱騰騰的毛巾吸水、擦拭，最後把潮濕的頭髮吹乾。

第二，陳瑛芝的刮臉與掏耳也十分舒適。我一邊新奇的體驗著人生首次刮臉與掏耳服務，一邊聽著陳瑛芝仔細講解手法與變遷：「以前的人很講究，都會定期來刮臉清理面容。所以老師傅們特別會用剃刀，知道要如何小心避開青春痘，甚至能用剃刀刮除眼睛下面的細毛，以及耳朵裡面的雜毛。」陳瑛芝告訴我，現在年輕人不再常用傳統的技巧修面，這讓懂得這項技藝的老師傅越來越少。

成為一剪一輩子的老朋友

民國六十年代的基隆，正值港口貿易的鼎盛時期，為了討生活，許多來自台中、宜蘭及花蓮的遊子，紛紛來到基隆碼頭工作。這樣的榮景一直到近年台北港取得大半港口業務後，才逐漸沒落，同時也影響到理髮廳的生意。

過去青壯的碼頭工人，已陸續退休，讓陳瑛芝從黑髮剪到白髮。「我近年多出一項新服務：『染髮』。黑色染劑是這裡唯一的選擇，要讓老客人的一頭白髮重新變得漆黑。」陳瑛芝開玩笑地說著，理髮廳客群的轉移，也暗示著基隆港的改變。

陳瑛芝幾乎認得每一位顧客，不少客人都是從年輕時一路剪到現在。「店裡生意太忙，我總是拖到沒客人的時候才吃飯。好笑的是，有幾次幫客人修面時，肚子

離客人耳朵很近，剛好肚子叫還被客人聽到。」陳瑛芝回憶著店內發生過的趣事。

「老客人相處久了，都很像朋友一樣。你看上面這排畫作和國外的照片，還有這些標價、外國鈔票，都是客人送我，幫我貼上去的。」細數店內擺設的各個紀念品，陳瑛芝不只記得每一位客人最適合、最習慣的髮型，也珍視著每一次與他們的互動。

在一旁靜靜聆聽我們採訪的客人，也不禁和我們分享：「我在這裡剪髮剪了快三十年了！每隔幾個禮拜就來一次，人到一定年紀都會習慣有固定的理髮廳，不會想換。因為老闆總會知道我要怎麼剪最合適。來這裡有家一般的熟悉感。」

隱藏於海港大樓內的理髮廳，日復一日，用心服務著每一位在基隆碼頭上辛勤工作的人，使理髮廳成為許多碼頭人共同的回憶。每當客人踏入這明亮而又熟悉的空間，當年揮灑青春汗水的模樣，又彷彿從舊光陰中一幕幕浮現。⚓

01. 陳瑛芝平時使用的理髮工具。包括打薄剪、平剪剪刀、掏耳棒、鑷子等。02. 念舊的陳瑛芝蒐藏許多古董理髮器具。圖片是古董吹風機。03. 熱敷的毛巾是陳瑛芝堅持的服務。

03

特別感謝

八斗邀友善餐廳

中國貨櫃運輸股份有限公司

台正船務代理有限公司

台灣國際造船股份有限公司

永喆工程有限公司

交通部航港局

吉盛船務代理有限公司

羽豐興業有限公司

金豆咖啡

長腳麵食館

洋民機械工程有限公司

振大理貨有限公司

財團法人中國驗船中心

國立臺灣海洋大學研究船船務中心

國立臺灣海洋大學研究船船務中心主任鍾至青

國立臺灣海洋大學研究船船務中心船務監督蔡宜君

國立臺灣海洋大學海洋環境與生態研究所助理教授曾筱君

基隆引水人辦事處

基隆市船務代理商業同業公會

基隆市輪船理貨商業同業公會

基隆市報關商業同業公會

基隆燈塔辦公室

張火焰紀念館

陸海股份有限公司

港務大樓理髮廳

湖南小館

開源國際股份有限公司

廣東汕頭牛肉店

樸實創意設計有限公司

聯興國際通運股份有限公司

駿風企業有限公司

看海記事

基隆港職人生活誌

企劃製作
好風土文化有限公司

採訪、紀錄、撰文
葉奕緯、鄭詩怡、林佳慧、田美子、
施博文、戴秀真、廖芷瑩

攝影
大樹影像 林靜怡、鄭詩怡、廖芷瑩、
王雨薇

執行長
翁健鐘

執行主編
廖芷瑩

編輯協力
劉家甯

審定顧問
方凱弘

田野統籌
西打藍（葉奕緯）

美術設計
劉丁菱

策畫
財團法人陽明海運文化基金會

總策畫
何秀綺、林宜正

策畫
黃崇梅、張芯瑜、李玉淳

出版
蔚藍文化出版股份有限公司

社長
林宜澐

總編輯
廖志墭

地址
110 台北市信義區
基隆路一段 176 號 5 樓之 1

電話
02-2243-1897

臉書
https://www.facebook.com/
AZUREPUBLISH/

讀者服務信箱
azurebks@gmail.com

指導單位
文化部

總經銷
大和書報圖書股份有限公司

地址
24890 新北市新莊區五工五路 2 號

電話
02-8990-2588

法律顧問／眾律國際法律事務所
著作權律師／范國華律師
電話／ 02-2759-5585
網站／ www.zoomlaw.net

印刷／世和印製企業有限公司
定價／新臺幣 380 元
ISBN ／ 978-986-5504-99-1
初版一刷／ 2022 年 12 月

看海記事：基隆港職人生活誌 / 葉奕緯, 鄭詩怡,
林佳慧, 田美子, 施博文, 戴秀真, 廖芷瑩採訪. 紀
錄. 撰文 ; 好風土文化有限公司企劃製作. -- 初版.
-- 臺北市：蔚藍文化出版股份有限公司, 2022.12
188 面 ; 17*23 公分
ISBN 978-986-5504-99-1 (平裝)
1.CST: 人物志 2.CST: 人文地理 3.CST: 基隆市
733.9/105.4   111019009